A IGREJA QUE EU PRECISO SER

Copyright © 2025 por Fernando Perboni. Todos os direitos desta publicação reservados à Maquinaria Sankto Editora e Distribuidora ltda. Este livro segue o Novo Acordo Ortográfico de 1990.

É vedada a reprodução total ou parcial desta obra sem a prévia autorização, salvo como referência de pesquisa ou citação acompanhada da respectiva indicação. A violação dos direitos autorais é crime estabelecido na Lei n.9.610/98 e punido pelo artigo 194 do Código Penal.

Este texto é de responsabilidade do autor e não reflete necessariamente a opinião da Maquinaria Sankto Editora e Distribuidora ltda.

Diretora-executiva
Renata Sturm

Diretor Financeiro
Guther Faggion

Administração
Alberto Balbino

Editor
Pedro Aranha

Revisão
Pedro Marchi

Marketing e Comunicação
Matheus da Costa, Bianca Oliveira

Direção de Arte e diagramação
Rafael Bersi

DADOS INTERNACIONAIS DE CATALOGAÇÃO NA PUBLICAÇÃO (CIP)
ANGÉLICA ILACQUA – CRB-8/7057

Perboni, Fernando
  A Igreja que eu preciso ser : recupere a fé viva, os dons do Espírito e a paixão incansável dos primeiros cristãos / Fernando Perboni. -- São Paulo : Maquinaria Sankto Editora e Distribuidora Ltda, 2025.
  192 p.
isbn 978-85-94484-95-6
25-2879   cdd 248.4

Índice Para Catálogo Sistemático:
1. Vida cristã

---

sanktō

Rua Pedro de Toledo, 129 – Sala 104
Vila Clementino – São Paulo – sp, cep: 04039-030
www.sankto.com.br

FERNANDO PERBONI

A IGREJA QUE EU PRECISO SER

Recupere a fé viva, os dons do Espírito e a paixão incansável dos primeiros cristãos

sanktō

ENDOSSOS

Quanta honra e privilégio é testemunhar essa obra inspirada pelo Espírito Santo, por meio da vida do meu amigo Pr. Fernando Perboni — um filho precioso, dedicado e intenso em tudo o que se refere a Cristo.

As instruções e direções deste livro nos revelam, com ainda mais clareza, o que significa ser Igreja, partindo de experiências pessoais e coletivas que nos levam a compreender melhor o papel da Noiva de Yeshua. A cada página, é como se um véu fosse sendo retirado, revelando como a Igreja se move em direção ao Noivo.

Com simplicidade e convicção, a porção derramada neste livro reacende em nós o desejo pelas Núpcias com o Noivo Jesus (Isaías 32:8).

Seu conservo em Cristo (Números 6:24-26),

— **Caio Alexandre**, pastor do MEVAM — Nova Mutum (MT)

Pastor Perboni nos apresenta, de maneira apaixonante, um "flash" descritivo da Igreja que precisamos ser. É lindo contemplar, em cada página, a legítima face da Noiva de Cristo. Isso desperta em nós um ardente desejo de sermos mais, em vez de apenas fazermos tanto. O livro também nos conduz, com clareza, à visão de um futuro perfeitamente possível para a Igreja dos nossos dias.

—**Pr. José Bezerra de Oliveira Neto**, pastor da IBN Sorriso-MT e autor do livro *Os sete legados*

Meu amigo e pastor Fernando Perboni, é uma honra registrar aqui minha admiração por você. Sua vida é uma inspiração. A maneira como pastoreia e vive o Evangelho nos revela o Amor de Cristo. Você é um homem cheio do Espírito Santo, que nos aproxima ainda mais do Abba. Sua leveza ao viver o Evangelho nos dá ânimo para seguir firmes no que Deus preparou para cada um de nós.

Ao ler o último capítulo do livro, imediatamente me lembrei da nossa viagem missionária à Angola. Ali vivi, na prática, tudo o que você compartilha. Vi de perto o quanto seu coração é temente a Deus. Há um leão aí dentro — que ruge, que arde pelo Reino e pela Vinda do nosso Jesus — e que rejeita tudo aquilo que é contrário à Verdade.

Louvo a Deus pela sua vida e por como você a testifica. Este livro mostra seu amor e paixão pelo Reino, e tenho certeza de que deixará um legado por onde o Abba conduzir os seus passos.

Te amo.

Teu amigo, servo em Cristo Jesus,

— Fabrício Alves Peruzzolo, servo do ministério missionário e cirurgião-dentista

DEDICATÓRIA

Dedico este livro, primeiramente, ao Senhor Deus, Criador de todas as coisas, meu Papai, que me impulsionou a escrever com zelo tudo o que está registrado nestas páginas.

Ao meu Rei Jesus, meu amado e lindo Noivo, Aquele que era, que é e que há de vir. Meu Salvador, Redentor, meu Senhor, minha Rocha, minha Cidadela, minha Fortaleza, meu Socorro bem presente nas tribulações, o Pão vivo que desceu do céu, o Alfa e o Ômega, o Princípio e o Fim, a minha Vida e minha Ressurreição, a Verdade e o Caminho que me leva ao Pai, o Verbo que se fez carne, o Cordeiro e o Leão, a minha Adoração e a essência dela, a razão do meu viver. Ele é tudo isso — e muito mais — para mim.

Ao meu Doce Amigo, Espírito Santo. Meu Mestre, meu Companheiro, meu Guia. Aquele que me consola, me capacita, me inspira, me impulsiona — e faz tudo isso com amor.

Dedico também este livro à minha costelinha, minha amada esposa, Pra. Rosangela Petry Perboni, a delícia dos meus olhos, o bem mais precioso que recebi do meu Deus e Pai. Mulher sábia, santa, minha intercessora, virtuosa, aquela que me edifica — e como tem feito isso com exímia excelência! Quero amá-la como Jesus me ama, como Ele ama a Igreja.

Aos meus amigos que são referência em minha vida: o pastor João Paulo da Silva, mais do que um irmão, e sua esposa, Pra. Amanda Pintado; o pastor e missionário Wellington Dias e sua esposa, Pra.

Stella Cristina Fonseca Dias, exemplo de força e determinação; Demétrio Gavlak e Yara Garms Gavlak, sobre quem repousam o amor e a generosidade; Adriano Duarte e sua esposa, Maria Amélia Belchior, cuja marca é a lealdade e o amor.

Quero agradecer também à Editora Sankto, em especial à Renata Sturm, pela paciência comigo, pelo profissionalismo e pela excelência. Vocês são muito amáveis.

Com amor de Cristo,

— **Pastor Fernando Perboni**

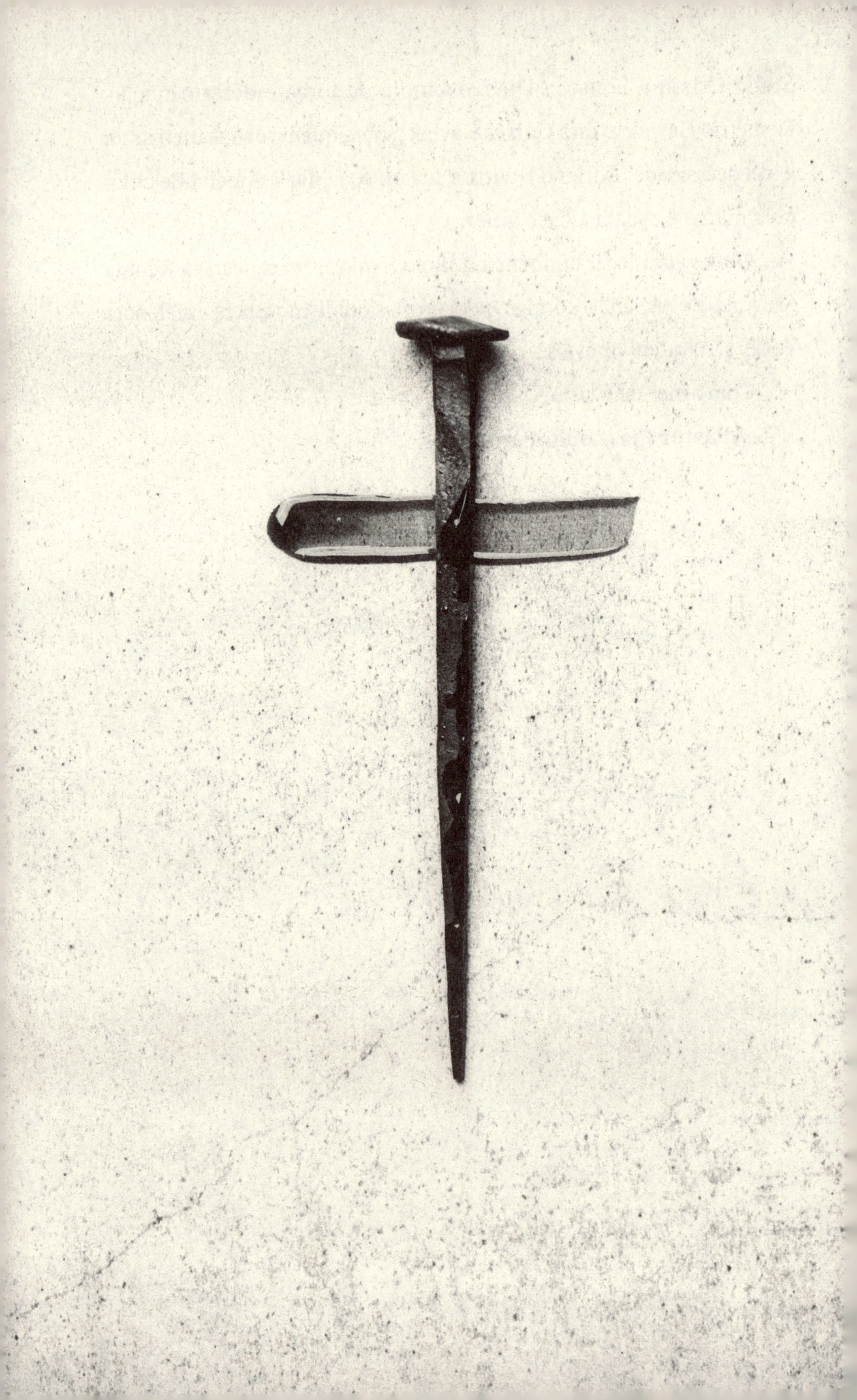

SUMÁRIO

11 • CARACTERÍSTICAS DE UMA IGREJA QUE PERDEU O PRIMEIRO AMOR

26 • A NOIVA

48 • O REINO OU IMPÉRIO

56 • O MARQUETEIRO DE JESUS

63 • O CORPO DE JESUS (IGREJA)

68 • NÃO SEJA UMA BRASA FORA DO BRASEIRO

82 • LEALDADE: UM CHAMADO À IGREJA

91 • IMPEDIMENTOS DO CRESCIMENTO DA IGREJA

98 • FIEL ATÉ A MORTE

106 • A IGREJA PRECISA TER DISCÍPULOS

132 • A IGREJA PRECISA SER PROFÉTICA

173 • CONCLUSÃO

CAPÍTULO 1

CARACTERÍSTICAS DE UMA IGREJA QUE PERDEU O PRIMEIRO AMOR

"Tenho, porém, contra ti que deixaste o teu primeiro amor. Lembra-te, pois, de onde caíste, e arrepende-te, e pratica as primeiras obras; quando não, brevemente a ti virei, e tirarei do seu lugar o teu castiçal, se não te arrependeres." **Apocalipse 2:4-5**

O texto mencionado foi dirigido ao pastor da igreja de Éfeso e, por extensão, a toda a congregação da cidade. Dessa forma, essa igreja se torna o foco de nossa reflexão. Para compreendermos o contexto, é necessário referir tanto o livro de Atos quanto a carta de Paulo aos Efésios. Assim, poderemos identificar as características da igreja que perdeu seu primeiro amor.

Paulo chega à cidade de Éfeso e logo encontra um grupo de 12 discípulos que ainda não tinham tido uma compreensão completa do evangelho do Reino. Paulo compartilha a mensagem com eles, dando início à Igreja de Éfeso. Vamos analisar quais são os traços dessa Igreja que abandonou o primeiro amor.

UMA IGREJA VAZIA DO ESPÍRITO SANTO

> *"E sucedeu que, enquanto Apolo estava em Corinto, Paulo, tendo passado por todas as regiões superiores, chegou a Éfeso; e achando ali alguns discípulos. Disse-lhes: 'Recebestes vós já o Espírito Santo quando crestes? E eles disseram-lhe: Nós nem ainda ouvimos que haja Espírito Santo'."* (Atos 19:1-2)

Uma igreja espiritualmente vazia pode ter conhecimento da existência do Espírito Santo, mas isso se limita à paracletologia e à pneumatologia (o estudo teológico do Espírito Santo). Trata-se apenas de um entendimento intelectual, restrito a conceitos teológicos e sem conexão com o Espírito Santo. É como um carro sem gasolina, que precisa ser impulsionado pela força humana.

Alguns dias atrás, eu estava voltando de uma inauguração de um templo no Rio de Janeiro. Pousamos em Cuiabá, capital do estado onde moro, e pegamos o carro. Estava eu e um discípulo, e decidimos ir pela rodovia MT 140, que não é totalmente asfaltada, e, num pedaço de estrada de chão, encontramos um carro atolado em um trecho de muita lama — tanta lama, que dava na altura dos joelhos! É uma estrada desértica.

Como somos a voz que clama no deserto deste tempo — apenas a voz —, não poderíamos deixar de fazer alguma coisa. Estacionamos nosso carro e entramos na lama, uns 70 metros a dentro e, quando chegamos, percebemos que havia uma família dentro daquele carro: o marido, a esposa que estava gestante — já nos dias de ganhar o bebê —, e mais duas crianças. Tentamos ver se identificávamos o problema, mas infelizmente não somos mecânicos, apenas uma voz que clama no Deserto. Sugeri que tirássemos o carro da lama, e começamos a jornada, empurrando um carro na lama até os joelhos, com uma mulher gravida e duas criança dentro do veículo. Pensa na força que fizemos! Em determinado momento nossas energias se acabaram, mas conseguimos tirar e dar socorro a aquela família. O carro, entretanto, ficou no local, fora da lama. Não tínhamos mais forças e nem ânimo para tentar dar um tranco nele. Dessa forma é uma igreja sem a presença do Espírito Santo. É como uma engrenagem sem óleo, que range e funciona de forma forçada, produzindo muito barulho, apenas barulho.

UMA IGREJA EM QUE NÃO HÁ MANIFESTAÇÕES DOS DONS

Sem o Espírito Santo, também se perde a manifestação dos dons, uma vez que é Ele quem os distribui. Isso pode levar até a descrença em sua contemporaneidade, e, mesmo quando se acredita, os dons são manifestados de forma artificial. Nesse caso, a pessoa vive como um sino que faz barulho, mas não produz nada; sua espiritualidade é forçada e fabricada. Em vez de buscar os dons, prefere criticá-los; é mais fácil. Uma das coisas que mais gosto de fazer é orar em línguas. Não sei se você sabe, mas é o único dom que podemos usar em benefício próprio: *"quem fala em outra língua a si mesmo se edifica"*. (1 Coríntios 14:4). Os outros dons são para edificação da igreja e de pessoas (1 Corintios 14:12), mas o que vemos é totalmente diferente: pessoas cobrando pelo dom de cura, profetas falsos cobrando para profetizar. Aliás, o que caracteriza um falso profeta é justamente isso, não o acertar ou não de uma profecia.

A maior referência de falso profeta no Antigo Testamento é um cara chamado Balaão, e, pasmem, ele não errou nenhuma de suas profecias. Um verdadeiro profeta pode errar na sua profecia, então podemos entender que um falso profeta é movido por Mamom, pelo dinheiro.

Mas, voltando ao assunto, fui criticado por usar esse dom precioso do Espírito. Deixo um recado importantíssimo para pastores e líderes dessa geração: busquem esse dom extraordinário, principalmente se você pastoreia muitas pessoas. Sua mente não sabe, mas o Espírito sabe exatamente o que ou quem está necessitando de intercessão. Nem todos que são batizados com o Espírito Santo oram em línguas, mas todos que oram em línguas são batizados no Espírito Santo. Mas deixo aqui uma motivação para que você busque esse dom: sua vida nunca mais será a mesma. *"Buscai com zelo os melhores dons"*. (1 Coríntios 12:31), e quando alguém me criticou, senti uma pontada de inveja e uma profunda apatia espiritual em relação à busca diligente desse dom extraordinário. Uma das principais características de uma igreja que não possui o dom sobremodo excelente é a falta de desejo pelos dons do Espírito.

UMA IGREJA QUE ABANDONOU O ESTUDO E A MEDITAÇÃO DA PALAVRA DE DEUS

Já se considera sábia, portadora da verdade, com sua teologia formada, seu dogma, sua ortodoxia. Nesse processo, torna-se rígida, reformada sem ter o que reformar, abandona a profundidade do estudo da Palavra e se torna superficial. Viver no LOGOS (palavra escrita) sem experimentar o RHEMA (palavra revelada) significa não acessar os segredos e códigos que a santa Palavra de Deus abriga, sem alcançar profundidade.

Recentemente, compartilhei uma série de mensagens sobre "Códigos de Honra", que considero um dos princípios mais importantes do Reino de Deus. Ao estudar e meditar na poderosa Palavra de Deus, descobri que Aitofel, que foi conselheiro de Davi, era avô de Bate-Seba. Ele orientou Davi a investigar quem era aquela mulher, e lhe disseram: *"Não é Bate-Seba, filha de Eliã, mulher de Urias, o heteu?"* Você notou 2 Samuel 11:3? O nome do pai dessa garota era Eliã. Em 2 Samuel 23:34, lemos: *"Elifelete, filho de Aasbai, filho de um maacatita; Eliã, filho de Aitofel, gilonita."* Ao descobrir isso, compreendemos por que Aitofel abandonou Davi durante o golpe de estado promovido por seu filho Absalão. Davi teve um relacionamento sexual com a neta de seu pastor, o que pode ter causado uma profunda mágoa nele. Após ter um de seus conselhos frustrados, Aitofel se suicidou.

Só tive acesso a essa revelação ao me aprofundar em meditação e estudo da palavra, sob a unção do Espírito Santo. Deseja alcançar o sucesso?

> *"Não se aparte da tua boca o livro desta lei; antes medita nele dia e noite, para que tenhas cuidado de fazer conforme a tudo quanto nele está escrito; porque então farás prosperar o teu caminho, e serás bem sucedido."* (Josué 1:8)

UMA IGREJA SEM COMPROMISSO MISSIONÁRIO

É reconhecida por sua falta de ação na divulgação do evangelho, não possui uma mensagem para o mundo nem para si mesma, tornando-se assim uma igreja silenciosa no mundo. Deixa de ser uma voz isolada.

Notei que a missão dentro do Reino é como um canteiro bem adubado: toda semente prospera nesse solo. Sempre que a igreja que pastoreio se envolve em projetos missionários, ela experimenta um crescimento impressionante. Em dezembro de 2021, realizamos uma viagem missionária ao Haiti, uma nação devastada por terremotos, miséria e violência — possivelmente o país com o maior número de órfãos devido aos desastres naturais. Fomos a esse país para cuidar deles. Muitos contribuíram para esse projeto, e a igreja fez um investimento significativo, mas a colheita foi extraordinária. Havíamos acabado de sair de uma das maiores pandemias, e a igreja cresceu em todos os aspectos, em especial financeiramente. Muitas pessoas abriram empresas com essas sementes.

Considere o seguinte: quase todas as bênçãos que Deus promete em Sua palavra são condicionais, ou seja, requerem de nós uma condição. Mateus 28:20 também fala sobre a promessa de que Jesus estará presente em nossas vidas todos os dias até o fim dos tempos. Qual é o requisito? *"Ide, portanto, fazei discípulos de todas as nações, batizando-os em nome do Pai, e do Filho, e do Espírito Santo"* (Mateus 28:19). Eu quero viver intensamente essa presença em minha vida, mas, para isso, eu preciso cumprir o Ide.

UMA IGREJA QUE ENCOLHE AS MÃOS AOS NECESSITADOS

É marcada por viver "ensimesmada". O que essa geração precisa não é de mais um sermão, mas de apoio. Esse tipo de Igreja não estende as mãos aos necessitados, apenas busca o sobrenatural para si mesma e vê as desgraças dos que estão fora com naturalidade e normalidade. Com o tempo, ao encolher suas mãos, elas acabam atrofiadas. Trata-se de uma igreja deficiente.

As pessoas não ficavam tão impressionadas com a oratória e eloquência de Jesus. Não fazia parte da sua filosofia. Antes d'Ele, havia oradores muito mais eloquentes e filósofos muito mais brilhantes. O que mais atraía as pessoas a Cristo era sua habilidade de se compadecer e atender às necessidades delas. O sofrimento das pessoas nunca deixava Jesus indiferente. Uma viúva que havia acabado de perder seu filho. Um mendigo cego sentado no chão à margem da estrada. Uma prostituta pega em ato de adultério. Uma mulher que sofre de uma doença terminal. Um pai angustiado por ter um filho possuído. Qual era o ponto em comum entre todas essas pessoas? Demandas. Dores. Dificuldades. Necessidades. E o que mais me impressiona é que Jesus nunca censurou essas pessoas por procurá-lo movidas por suas demandas. Jesus nunca os despediu. Jesus nunca afirmou: "Vocês devem compreender que minha missão é a salvação das almas, não resolver os problemas de vocês." Para nos tornarmos uma igreja que inspira, é necessário que tenhamos compaixão pelas pessoas.

Uma pesquisa realizada pelo Instituto Barnna mostrou que precisamos reconhecer que menos de 1% das pessoas que busca a igreja atualmente menciona qualquer razão de caráter espiritual. A maioria das pessoas que adentra nossas igrejas o faz porque está exausta, machucada, decepcionada, frustrada e sobrecarregada. As pessoas não vão à igreja apenas para passear ou exibir seus looks estilosos. As pessoas buscam a igreja hoje pelos mesmos motivos que buscavam Jesus em Seu tempo. Elas buscam uma resposta para suas dificuldades, angústias, desespero e vazio espiritual. Jesus compreendia que as dificuldades que as pessoas enfrentavam eram o ponto de partida para o Pai. Deus sempre inicia com as pessoas a partir do ponto em que elas se encontram, e não do ponto em que deveriam estar. A capacidade de crescimento e importância da Igreja está diretamente relacionada à sua habilidade de atender às necessidades.

UMA IGREJA QUE DEIXA DE SER GENUÍNA

Também perde sua autenticidade, passando a se parecer com uma empresa, um clube social ou uma franquia. Seus objetivos mudam, pois o anseio por reconhecimento, a obsessão pelo poder, fama e riqueza se tornam suas principais motivações. Suas ações se transformam em ativismo religioso, mesmo que disfarçado por uma pseudoverdade. Isso vai acabar, a festa vai acabar, o espetáculo está chegando ao fim! Não devemos perder a essência do amor, do evangelho e da adoração.

UMA IGREJA QUE PROMOVE FRIEZA E MORTE ESPIRITUAL

Fica incapaz de fomentar avivamentos, resultando em frieza e morte espiritual. Adota um sincretismo religioso por meio de suas invenções mirabolantes da fé, criando autênticos amuletos que nada têm a ver com o verdadeiro evangelho, mas com um misticismo exotérico religioso. Papai não deseja te dar coisas ungidas, Ele quer te ungir.

Muitos comentam sobre o Catolicismo Romano, mas há igrejas que se identificam como protestantes e que não conseguem competir com ele. Oferecem muitas coisas ungidas, mas não conseguem conduzir as pessoas a um lugar onde possam ser ungidas pelo Espírito Santo. Isso seria engraçado se não fosse tão triste. Minha mãe frequentava uma dessas igrejas que gostam de distribuir coisas para as pessoas. Um dia, ela pegou um pão e, ao chegar em casa, ao dar a primeira mordida, encontrou um papel enrolado com o número de um salmo. O propósito era mais ou menos o seguinte: quem pegasse o pão com o salmo dentro, o número do salmo que a pessoa pegasse tinha que dar de oferta. Quando soube disso, fiquei preocupado com quem pegou o salmo 150 — e não duvido de que tenham criado novos salmos para arrecadar mais dinheiro. Isso entristece meu coração de tal maneira!

UMA IGREJA COM UMA LIDERANÇA SEM COMPROMISSO

Possui uma liderança enfraquecida, descomprometida tanto com o rebanho quanto com a verdade, que não impõe uma liderança firme e confrontadora sobre aqueles que vivem de forma desordenada; não acolhe o rebanho de Cristo e, além disso, não corrige as heresias e desvios teológicos que surgem em seu meio.

"E o carinho dele (Tito) para convosco é ainda mais intenso ao recordar da obediência de todos vós e de como o recebestes com temor

e tremor. Alegro-me por poder depositar plena confiança em vós."
(2 Coríntios 7:15-16)

Vou te contar o contexto dessa declaração feita à igreja de Corinto. Paulo, em razão dos graves problemas que ocorriam na Igreja, escreve e envia sua primeira carta. Ele não economiza palavras; a Igreja estava cheia de tudo o que não deveria existir, como panelinhas, facções e fofocas. Isso é extremamente prejudicial à Igreja, e vocês não têm ideia do quanto desgasta os pastores e líderes.

Muitas prostitutas cultuais estavam se convertendo ao evangelho, mas aquelas irmãs que têm a língua maior do que o cabelo não perdoaram. Que convulsão! Por isso, Paulo dá essa ordem do véu às irmãs dessa Igreja, onde os relacionamentos são fracos e há a necessidade de muitas normas e leis. Na igreja havia um pecado tão abominável que Paulo não sabia nem como chamá-lo: um jovem mantinha relações com sua madrasta, esposa de seu próprio pai. Realmente, a situação estava um caos, e Paulo arrebenta com sua primeira carta.

Paulo amava aquela igreja, e eu sei o que ele estava sentindo. Sei disso quando nós, como pastores que amam pessoas, que amam a igreja, a Noiva, precisamos ser duros: quando precisamos pegar o cajado. Já teve momentos em que tive de fazer isso, e sair com lagrimas nos olhos do altar, tendo quase a certeza de que com aquela fala perderia pessoas. Teve uma ocasião no começo da igreja que preparamos um show de talentos, para tentar identificar principalmente músicos e cantores que talvez estavam escondidos nos bancos da igreja. Eu e minha filha apresentamos um teatro — participei para motivar todos a participar. Havia convidado até jurados que não eram da igreja.

A festa foi muito legal; minha filha arrebentou na apresentação — e ainda mais com o pai e pastor mais bonito do Brasil.

Para nossa surpresa, os jurados nos deram a vitória. Mas, quando foi anunciado, a igreja praticamente inteira, em vez de se alegrar, festejar, começaram a vaiar. Alguns diziam: "É xuxu, uhuuuuu!" Os jurados ficaram muito envergonhados. E eu? Quase tive um ataque cardíaco ao ver aquilo. E quanto à minha filha? Ai, que tristeza!

Houve um episódio em que, após alguns dias, me posicionei a favor da Igreja em vez de minha família. Me esqueci de que minha família é meu primeiro rebanho e deve ser a prioridade. Eles estavam vulneráveis e, além disso, minha esposa ficou muito chateada e irritada ao chegar em casa e ver minha filha e eu tristes daquela maneira. No sábado, como pastor, eu precisava corrigir esse ato de desonra e falta de respeito, especialmente na frente de pessoas influentes na comunidade. No culto de domingo, assim como o apóstolo Paulo, não economizei. Tinha de defender minha família; se não me posicionasse, com certeza perderia o coração deles. Foi um momento intenso; talvez tenha sido a primeira vez que a igreja me viu tão enérgico e firme nas palavras. Naquele dia, deixei claro que me sentia envergonhado e desonrado, evidenciando a falta de respeito comigo, minha família e com todos os presentes. Também deixei claro que minha família era minha prioridade e que a protegeria com minha vida. Admito que, no início, com um número reduzido de pessoas e recursos limitados, eu tinha receio de perder pessoas e fiquei apreensivo. No entanto, confiei em Deus e, embora muitos tenham ficado chateados comigo por um bom tempo, acabaram por aceitar a situação. Acredito que, até hoje, algumas pessoas ainda guardam ressentimento por aquele dia.

Creio que Paulo experimentou o que eu senti em várias ocasiões ao ter de ser firme com a igreja: a sensação de que perdemos o coração dela. Então, Paulo enviou seu discípulo Tito para verificar como a igreja estava e como havia respondido à sua carta. Surpreendentemente, a igreja de Corinto aceitou a correção, obedecendo de forma intensa às orientações e correções de seu pastor. Devido à intensidade dessa obediência, Tito retribuiu com carinho e amor. Paulo ficou feliz ao saber disso.

Uma coisa que precisamos entender é que quando nosso pastor é rígido conosco, é porque ele nos ama e deseja o nosso bem. Quantas vezes precisei ser firme diante de pessoas que amo! Já precisei mandar algumas a tomarem vergonha na cara. Mas por quê? Porque amo as pessoas e quero vê-las bem, com suas famílias bem posicionadas. Por favor, compreenda isso. Ame seu pastor, que dedicou tempo e esforço para te ajudar. Não o ignore. Se ele te exorta, te corrige ou te chama no 12, é porque ele te ama. Pastores que veem você seguindo um caminho arriscado e não dizem nada, sabendo que você vai se machucar, são como cães. Os sacerdotes e líderes desleais também foram chamados de "cães" pelo profeta Isaías. A respeito deles, o profeta afirma: *"Todos os seus atalaias são cegos, nada sabem; todos são cães mudos, não podem ladrar; andam adormecidos, estão deitados e amam o tosquenejar. E estes cães são gulosos, não se podem fartar; e eles são pastores que nada compreendem; todos eles se tornam para o seu caminho, cada um para a sua ganância, cada um por sua parte"* (Isaías 56:10-11). Esses pastores perderam o primeiro amor e desejam que você também o perca. Eles tratam as pessoas como números, e você só é importante para eles porque é mais um número no que chamam de igreja. Eles querem seu dinheiro: querem apenas a lã das ovelhas, sem se importar com elas.

Pastores não devem ser como um pai grego, temendo tratar, ferir ou marcar. Quando Jesus disse a Pedro: "Quando te converteres, fortalece teus irmãos", a palavra "fortalecer" no grego significa marcar seus irmãos a ferro e fogo. Quando Deus te pede para fortalecer alguém, Ele está pedindo para deixar uma marca indelével nessa pessoa.

Existem pessoas que cruzaram nosso caminho e nos marcaram para sempre; nunca nos esquecemos delas, de suas palavras, de seu jeito, de seu amor. Você deve ser como o apóstolo Paulo, que, se necessário, se circuncidar, tocar nas partes íntimas e deixar uma marca para sempre: precisa estar disposto a isso. E quando nosso pastor precisar entrar na nossa intimidade e nos marcar, mesmo sabendo que vai doer, precisamos estar dispostos. Eu compartilhei isso com meu pastor, concedendo-lhe total liberdade, dizendo: Pastor, não seja um pai grego na minha vida, pode cortar o que for necessário!

Torne-se um líder que inspira e cheio de amor pelas pessoas, pois elas são imortais. Não tenha receio de tomar decisões, mesmo que sejam complicadas. Não deixe que a essência do primeiro amor se perca.

UMA IGREJA CONHECIDA PELO DESAMOR E DISCÓRDIA (EFÉSIOS 1:15)

Essa má reputação transcende os limites eclesiásticos; suas atividades ministeriais podem até ser significativas, mas o que a torna conhecida é sua falta de união. O salmo 133 afirma que o Senhor ordena bênção e vida onde há unidade. A questão é: o que acontece onde há desunião e divisões? Será que se trata de maldições e morte?

Por essa razão, ela é frágil, depende de eventos — e eventos são apenas vento. Isso apenas provoca entusiasmo e emoção. Não é profunda nos relacionamentos. Muitas igrejas deixaram de existir com a última pandemia, porque seus vínculos eram frágeis. Uma igreja que vive o primeiro amor investe nos relacionamentos.

UMA IGREJA QUE SÓ AMA JESUS DA BOCA PARA FORA (EFÉSIOS 6:24)

Uma das piores características de uma igreja que perdeu seu primeiro amor é amar a Jesus apenas superficialmente. Como profetizou Isaías: *"esse povo me honra com os lábios mais o seu coração está longe de mim"*. Todas as suas ações são impulsionadas por uma religiosidade sem Deus, em que amam a si mesmos, sua história, suas tradições e sua estrutura, enquanto deixam de amar a Jesus e o colocam fora de seus corações. Que Jesus nunca seja um aspecto escondido da sua vida, e que você nunca seja hipócrita ao dizer algo que não sente nem vive. Seja autêntico. Autêntico.

O Senhor Jesus exigiu que a igreja recuperasse seu primeiro amor, portanto, não podemos permitir que ele esfrie dentro de nós!

O primeiro amor é puro, inocente, generoso, intenso, comprometido, conselheiro, amigo, leal, companheiro... Jesus mesmo disse: retorne ao primeiro amor, às coisas iniciais, que hoje talvez você não considere mais importantes, mas que são essenciais para uma vida plena e equilibrada neste tempo.

Se não tomarmos cuidado, podemos perder a essência do primeiro amor. De que maneira? A escassez de tempo para buscar a Deus, as mágoas que retornam silenciosamente aos nossos sentimentos, o cansaço cotidiano que nos consome e nos rouba a energia, e outras prioridades que jamais deveriam ocupar o lugar do Senhor em nossas vidas. É momento de renovação, tempo de recomeço e de reacender a presença de Deus em nossas vidas. Vamos orar e suplicar para que o primeiro amor seja restaurado em nossas vidas e em toda a igreja.

Você ainda sente esse primeiro amor fervoroso pelo Senhor Jesus ou ele está se apagando dentro de você? Você sabe por que o esfriamento acontece? Você deseja professar hoje esse amor por Cristo? Então, vamos fazer uma oração. Peça a Deus que renove o seu primeiro amor. Em nome do Senhor Jesus, devemos ser completamente isentos de qualquer malícia, segundas intenções, falsidades ou intenções equivocadas.

CAPÍTULO 2
A NOIVA

"Então o reino dos céus será semelhante a dez virgens que, tomando as suas lâmpadas, saíram ao encontro do esposo. E cinco delas eram prudentes, e cinco loucas. As loucas, tomando as suas lâmpadas, não levaram azeite consigo. Mas as prudentes levaram azeite em suas vasilhas, com as suas lâmpadas. E, tardando o esposo, tosquenejaram todas, e adormeceram. Mas à meia-noite ouviu-se um clamor: Aí vem o esposo, saí-lhe ao encontro. Então todas aquelas virgens se levantaram, e prepararam as suas lâmpadas. E as loucas disseram às prudentes: Dai-nos do vosso azeite, porque as nossas lâmpadas se apagam. Mas as prudentes responderam, dizendo: Não seja caso que nos falte a nós e a vós, ide antes aos que o vendem, e comprai-o para vós. E, tendo elas ido comprá-lo, chegou o esposo, e as que estavam preparadas entraram com ele para as bodas, e fechou-se a porta. E depois chegaram também as outras virgens, dizendo: Senhor, Senhor, abre-nos. E ele, respondendo, disse: Em verdade vos digo que não vos conheço. Vigiai, pois, porque não sabeis o dia nem a hora em que o Filho do homem há de vir." **Mateus 25:1-13**

Assim como Ele é apaixonado e cheio de amor pela noiva, espera que ela sinta o mesmo por Ele. Ao nos casarmos, não o fazemos com o objetivo de sermos felizes, mas de fazer nosso cônjuge feliz. Essa deveria ser a dinâmica do casamento.

Pergunto agora: você tem proporcionado alegria e felicidade ao seu noivo? Como é possível realizar isso?

A dificuldade de muitos hoje em dia é que não desejam ser a Noiva de Cristo. E o pior: quantos a tratam como uma prostituta, buscando apenas satisfação com ela, almejando cura, libertação e prosperidade? Desejam as bênçãos, porém não desejam proximidade, compromisso, responsabilidade; não desejam se entregar por completo. Na verdade, não se preparam para o casamento no dia da cerimônia. Muitos se comportam como Onã, filho de Judá. O texto relata que seu irmão Er era tão perverso que Deus o matou. De acordo com a lei do levirato, o irmão mais novo deveria tomar a esposa do falecido para gerar descendência. Isso está registrado em Gênesis 38. No entanto, Onã tinha um relacionamento com sua cunhada, e, na hora de cumprir sua obrigação, ele se recusava a gerar descendência. Ele apenas buscava prazer com Tamar, jogando o sêmen no chão. Deus não aprovou essa atitude e o matou. Isso pode ter ocorrido porque Onã impedia o propósito da vinda de Cristo, que descenderia da linhagem de Judá. Chamo isso de síndrome de Onã, e muitos a apresentam. Eles buscam prazer, mas não querem intimidade, responsabilidade ou compromisso; eles não querem gerar.

Assim como eu, você provavelmente conhece muitos adolescentes e jovens ansiosos para se casar, mas que estão completamente despreparados para o matrimônio em todos os sentidos; alguns nem sequer sabem fritar um ovo. Não se limpam direito, mas querem se casar.

Gostaria de te fazer uma pergunta bastante relevante: Que tipo de igreja você é?

Além das duas categorias mencionadas em Mateus 25, existem diversos tipos de igrejas. Quero apresentar um breve resumo das sete igrejas do Apocalipse. Além de simbolizarem diferentes tipos de igrejas, teólogos e estudiosos afirmam que essas igrejas representam períodos que a igreja passou e ainda está passando. Acredita-se que, se isso for verdade, a igreja atual é a de Laodiceia. Confira comigo:

ÉFESO: teologicamente referida como a igreja que abandonou o primeiro amor. Esse foi o erro cometido por essa igreja: ela perdeu a paixão e o fervor. Embora continuasse realizando a obra, já não o fazia com entusiasmo. Você pode até fazer o melhor, mas se não tiver o amor, não é excelente (1 Coríntios 13). O amor é o presente mais excelente. (1 Coríntios 12:31).

Normalmente, quando nos convertemos, nos apaixonamos por Deus, adoramos orar, somos frequentes nos cultos, nosso coração transborda entusiasmo, está repleto de fome e sede: uma ânsia por Deus. Tudo é novo. Como uma criança estamos assimilando tudo — isso é o que Deus espera de um filho(a) verdadeiro(a). No primeiro amor, somos cativados pela adoração. Lembre-se de que adoração significa oferecer o que Deus deseja de nós, e não o que queremos dar a Ele, independentemente do que os outros possam pensar. Afirmo que Deus sente falta das práticas do primeiro amor.

ESMIRNA: a igreja que perdeu sua vitalidade e, como consequência, começou a ser infiltrada por falsos judeus. O satanismo estava presente nela e, a partir disso, começou a enfrentar inúmeras perseguições. Perdeu o amor; perdeu a profundidade.

Pérgamo: possuía a doutrina de Balaão, fazia acordos com pagãos, praticava prostituição, se vendia e se curvava diante de ídolos e do dinheiro. É uma igreja mundana, pois perdeu a santidade.

A igreja contemporânea não pode competir com o mundo, especialmente no que diz respeito ao entretenimento, pois sempre sairá perdendo. Contudo, ela não pode perder a essência do evangelho, o lugar da adoração, da oração e do jejum, que são essenciais para cultivar uma relação íntima com o Noivo.

As pessoas precisam ser cativadas pelo fogo do Espírito Santo; caso contrário, nunca permanecerão. A igreja que realmente brilha é a que está em chamas.

TIATIRA: a igreja que aceita Jezabel, que incita o povo a se prostituir, ser desobediente e perseguir os autênticos servos. A teologia classifica essa igreja como profana. Essa igreja foi invadida pelo sincretismo, e o Senhor foi removido do trono. A glória não pertencia apenas ao Senhor, e, conforme está escrito nas Escrituras, o Senhor não compartilha Sua glória com ninguém. Essa igreja desviou sua atenção do Noivo e, como resultado, perdeu o foco.

SARDES: a igreja considerada morta, cujas obras não foram consideradas dignas. Poucos ainda não tinham sido infectados. Consegue imaginar como eram as cerimônias dessa igreja? Sem vitalidade, amor, comunhão, culto monótono, ausência do Espírito Santo — sem essas características, nada tem sentido.

FILADÉLFIA: a única que não foi criticada, pois preservava a Palavra e possuía uma porta aberta diante de si. Igreja de pouca força, porém com uma grande promessa e perseverante. Porém, será que essa igreja experimentou a promessa dessa porta aberta? Na Turquia, local onde estava situada essa igreja, restam apenas algumas ruínas.

LAODICÉIA: a igreja morna que provoca náuseas no Senhor a ponto de levá-lo a vomitá-la. A igreja que mais reflete a atualidade. Quando o Noivo a chama de morna, Ele se refere à falta de propósito, já que o morno é considerado inútil. A água fria ou quente tem um propósito, mas a morna não. A água fria sacia a sede e proporciona refresco; a água quente, por outro lado, oferece cura, como uma fonte termal. Mas a água morna, qual é a sua utilidade?

Essa igreja tinha uma percepção distorcida de si mesma. Ela se considerava rica, bem vestida e sem falta de nada, mas aos olhos do Senhor, era cega, infeliz, miserável e nua. Ela era tão miserável que possuía apenas dinheiro e nada além disso. Essa igreja era orgulhosa, uma igreja que mantinha Jesus do lado de fora. Quando Jesus está do lado de fora, é sinal de que há algo muito errado no interior.

*

Creio que o modelo mais fiel de igreja está em Atos dos Apóstolos, a que chamamos de igreja Primitiva. A igreja primitiva era composta por um pequeno grupo de homens e mulheres que, apesar de não possuírem nenhuma habilidade intelectual avançada, apoio financeiro ou status social, conseguiram transformar o mundo. Apesar de serem os homens e mulheres mais desprezados em Jerusalém e regiões adjacentes, eles deixaram uma marca nas gerações.

Atualmente, há muitas pessoas que conhecem a Palavra de Deus, porém não conhecem o Deus que está na Palavra.

É surpreendente considerar que quase 3.000 pessoas foram salvas e se converteram em apenas uma pregação. E, atualmente, não observamos conversões de indivíduos que já ouviram mais de 3000 pregações. O que a igreja precisa hoje? Na igreja primitiva, todos se maravilhavam com os sinais e maravilhas, prodígios, milagres, manifestações do Espírito Santo, amor e comunhão, graça diante dos homens e, acima de tudo, diante de Deus. E quanto a hoje?

Muitas pessoas vão à igreja em busca de diversão, atraídas pela simpatia, beleza, elegância e perfume dos frequentadores. Encaram o ambiente como um clube social, apreciam o louvor e, na minha igreja... até o pastor é bonito, acredite! Elas buscam mais entretenimento do que um relacionamento com o Noivo. Leonard Ravenhill afirma em seu livro *Porque Tarda o Pleno Avivamento*: "*O entretenimento é a substituição diabólica de Avivamento.*"

Estamos misturando barulho com avivamento, choro e emocionalismo com arrependimento, e ação com unção. Precisamos de um batismo de afeto. Necessitamos urgentemente de um avivamento de santidade. Hoje, precisamos de uma renovação de caráter. Hoje, precisamos de um avivamento de pessoas que não buscam seus próprios interesses, mas que estejam dispostas a entregar suas vidas a Deus.

> *"Uma pessoa pode ir à igreja duas vezes por dia, participar da Ceia do Senhor; orar em particular o máximo que puder; assistir a todos os cultos e ouvir muitos sermões, ler todos os livros que existem sobre Cristo. Mas ainda assim tem que nascer de novo."* (John Wesley)

A DIFERENCIAÇÃO

Mateus 25:1-13 (Parábola das Dez Virgens):

As dez virgens representam a totalidade da igreja. A parábola retrata dois grupos de noivas bastante diferentes: as virgens néscias e as prudentes. Jesus não afirma que as virgens prudentes simbolizam a igreja e as virgens néscias simbolizam o mundo. A igreja é simbolizada pelas dez virgens. Jesus não está fazendo a distinção entre o joio e o trigo, bodes e ovelhas, mundo e igreja.

Esta parábola é dirigida a nós! Sendo assim, precisamos refletir sobre a qual dos dois grupos pertencemos. Alguém pode questionar: "Mas um cristão pode ser néscio?" Eu digo: "Não deveria ser. Porém, muitas vezes é". Para demonstrar que essa parábola se refere à igreja, baseio-me no texto em si: Jesus afirmou que as virgens aguardam o Noivo.

O mundo não está à espera de um noivo. Apenas a igreja aguarda seu Noivo. O mundo não percebeu que só tem a aguardar o julgamento, a sentença e a morte. Se o mundo tem um noivo à espera, esse noivo não a levará para uma festa de casamento, mas sim para um grande funeral, pois é assim que Satanás trata aqueles que vivem apenas no mundo.

As cinco néscias são descuidadas, focadas na cura, prosperidade e libertação, vivendo o "Eu-vangelho". Elas se preocupam com tudo ao seu redor, crescendo, mas não em conhecimento e graça. Crescem em glória, mas uma glória terrena, não a glória do Rei Jesus. Elas não deixaram de ser congregação, porém já não estavam mais apaixonadas pelo Noivo, nem despertavam mais a atenção Dele.

As prudentes simbolizam o remanescente fiel, que não se importa com nada, apenas deseja o Noivo, desejando-O mais do que o céu. A maioria das pessoas deseja apenas o Céu, algumas O adoram apenas por medo do inferno, mas sempre existe um remanescente que O adora pelo que Ele é: Deus.

Esta é uma declaração de uma escrava: *"Se eu te adorar pelo medo do inferno, queima-me no inferno; se eu te adorar pelo paraíso, exclua-me do paraíso; mas se eu te adorar pelo que tu És, não esconda de mim a tua face!"* (Rabia, 800 d.C.).

Quantos teriam coragem para fazer uma oração assim? Eu sonho com essa igreja e tenho certeza de que ela existe. Essa igreja está se preparando, pois tem consciência de que Ele retornará.

"A Igreja não existe para satisfazer as nossas necessidades [...] Nós existimos como Igreja para satisfazer as necessidades dos outros."
(Joel Houston)

A LÂMPADA

A parábola retrata pessoas com lâmpadas acesas. Luminárias falam sobre luz. O mundo não possui luz, apenas escuridão. Possuímos luz, conforme a Bíblia afirma: *"Pois, outrora, ereis trevas, porém, agora, sois luz no Senhor"* (Efésios 5:8). Luz fala sobre testemunho, que é ter o testemunho de Cristo presente em nossas vidas (vida de Cristo em nós, vida de renúncia, santidade e vida de cruz). Ela não assiste ao culto; ela participa do culto que já existe.

É curioso que, ao convidar um judeu para adorar, ele imediatamente pergunta: "O que preciso sacrificar?" Você pergunta a um cristão contemporâneo: "O que eu vou ganhar lá?" Essa luz é prova de que não precisa de um lugar específico para ser igreja; ela é igreja em qualquer lugar, seja no trabalho, na escola ou em casa.

É muito fácil frequentar a igreja, mas ser a igreja é desafiador! Isso é para os corajosos! Até os cachorros vão à igreja e entram, pois a porta está sempre aberta. Na minha igreja, ocasionalmente, entram pessoas alcoolizadas. É literalmente muito fácil frequentar a igreja.

A verdadeira igreja não necessita do culto de libertação, pois ela é a própria libertação. Curiosamente, as néscias reconhecem quem vive em Cristo: quando percebem que o Noivo está voltando, vão até as que têm azeite.

Quero dizer-lhe que se você não está vivendo bem com Deus e tem consciência disso, você não consegue se iludir. Você conhece muito bem o modelo de vida que tem luz, que tem azeite sobre sua vida. Quando as coisas ficam difíceis, você sabe a quem acudir. Porém, no caso dessa passagem, quando elas precisaram e foram buscar, já era tarde; agora, elas teriam que pagar. Isso demonstra que há um custo envolvido. Você gostaria de estar presente na lua de mel e nas bodas? Pague o valor! Como afirma um dos meus mentores, o Apóstolo Luiz Herminio: "A Graça é de Graça, mas viver a Graça custa um preço, te custará tudo".

O principal propósito dessa parábola é nos alertar para estarmos prontos para a chegada do Noivo. Que possamos estar com nossa luz brilhando intensamente e que estejamos plenamente abastecidos com a vida de Cristo. Quando Jesus retornar, nossa luz deve brilhar intensamente, pois será um grande evento em que não poderá existir trevas, sombras ou qualquer fraqueza de luz.

Você está pronto para essa ocasião? Há sombra ou luz em você? Ao nos prepararmos para o encontro que ocorrerá em breve, que nossa preparação seja total. Não pode ser em cima da hora, nem no meio do percurso, quando teremos de correr para nos organizar e nos abastecer. A tendência humana é procrastinar, especialmente entre nós, brasileiros, o que parece ser parte de nossa cultura. Precisamos urgentemente mudar essa prática de deixar para a última hora as coisas que precisam ser feitas.

Precisamos de mais conexão com Deus! Reabastecer nossa lâmpada, e assim teremos luz suficiente para a jornada. Tenha objetivos, não procrastine. Aprofunde suas preces!

Procure o rosto, não as mãos! Absorva a Palavra e reflita sobre ela!

O que Jesus deseja transmitir com essa parábola é exatamente isto: que estejamos prontos! A questão é que a igreja atual não tem fé na volta do Noivo; ou até acredita, mas não considera que será nesta geração. Jesus afirmou que voltaria como um ladrão em Apocalipse 16:15. O ladrão é sempre uma surpresa, porém uma surpresa indesejada. Com isso, Jesus está afirmando: "Não quero ser uma surpresa desagradável para vocês!" Cinco delas não se surpreenderiam, pois estavam cientes de que o Noivo retornaria. Ele era desejado, e elas aguardavam Sua chegada todos os dias, preparando-se para o encontro.

"Conheço algumas igrejas que ficariam ainda mais vazias se o Evangelho fosse nelas pregado" (William R. Inge)

SANTIDADE

O curioso é que todas as dez noivas eram virgens. A virgindade representa "pureza", santidade e uma vida sem pecados. Como anda a sua vida de santidade? Eclesiastes 10:1 afirma: *"Assim Como a mosca morta produz mau cheiro e estraga o perfume, um pouco de insensatez pesa mais do que a sabedoria e a honra".*

Isso significa que pequenas concessões podem resultar em grandes prejuízos. Ao falarmos sobre viver uma vida de santidade, muitas pessoas tendem a deixar de lado as impurezas grosseiras e os pecados grotescos, mas acabam se tornando tolerantes com outros aspectos de suas vidas.

Conforme Cantares 2:15, permitimos que pequenas coisas, pequenas raposinhas que destroem a vinha, façam parte do nosso dia a dia. Não temos noção do poder de algo minúsculo que pode causar grandes danos.

Hebreus 12:14 nos ensina que ninguém verá a Deus sem santidade. No entanto, a igreja atual tem tratado a santidade como algo sem valor. A entregamos com um simples clique na internet; a jogamos fora com uma mentirinha; nos contaminamos com uma olhadinha e expomos nosso coração com uma fofoquinha. Lembre-se: ao falar de alguém, você expõe o caráter dela e o seu também. Porém, quando se tem a consciência de possuir algo de grande valor, luta-se para protegê-lo.

No Brasil, há um crime conhecido como saidinha de banco, no qual os criminosos ficam próximos às agências bancárias e observam as pessoas saindo. Quando alguém sai com um valor significativo, geralmente dá sinais: sai atenta, olha para os lados várias vezes, coloca as mãos no bolso; e eles conseguem identificar o medo, pois essa pessoa está carregando algo de muito valor. É assim que escolhem suas vítimas, com base no senso de proteção. Esse sentimento deveríamos ter em relação à nossa vida de pureza e santidade. A mosca só entrou naquele frasco porque estava desprotegido, ou seja, aberto.

QUAL É O VALOR DA SUA SANTIDADE?

A nossa santidade deveria ser mais valiosa do que a nossa própria vida e ter mais importância do que os membros do nosso corpo.

> *"Portanto, se o teu olho direito te escandalizar, arranca-o e atira-o para longe de ti; pois te é melhor que se perca um dos teus membros do que seja todo o teu corpo lançado no inferno. E, se a tua mão direita te escandalizar, corta-a e atira-a para longe de ti, porque te é melhor que um dos teus membros se perca do que seja todo o teu corpo lançado no inferno"*. (Mateus 5:29-30)

Ao lermos essas palavras de Jesus, parece que estamos lidando com um Deus bastante violento, não é? Durante meu tempo como conselheiro tutelar, atendi a um caso de um jovem que lutava contra o vício da masturbação e desejava amputar sua mão por causa disso, depois de ouvir uma pregação em sua igreja em que o pregador citou esse texto. Convencer aquele garoto de que as palavras de Jesus não eram literais foi um desafio. No entanto, ao conhecer Jesus como Ele realmente é, creio que Ele está transmitindo basicamente duas mensagens com isso.

Primeiramente, se qualquer parte do seu corpo, como olho, mão ou pé, te leva a pecar, viva como se essas partes não existissem.

E, em segundo lugar, é o quanto a santidade vale para você! Qual é o valor da sua mão? Ou de sue pé? E o olho? Você venderia apenas um dedo seu para mim? Posso te pagar até cerca de 5 mil reais. Pense bem, é só um dedinho, e você ainda pode ganhar um desconto na manicure. Você me venderia esse dedo?

O Senhor está afirmando que a santidade deve ter mais valor do que essas partes do corpo. A santidade deve ser mais valiosa do que a nossa própria vida, e, quando tivermos essa consciência, estaremos dispostos a protegê-la até com a nossa vida. Foi isso que Jesus fez, e

Ele espera que façamos o mesmo. No entanto, apenas santidade não é o bastante; você também precisa de azeite.

Como eu costumo dizer: *"Não há como você mudar ou deixar a igreja, pois a igreja é você!"*

O AZEITE

O azeite representa o Espírito Santo, que é doce e poderoso. Devemos mantê-lo em nosso reservatório espiritual. Os povos antigos, especialmente os judeus, extraíam o azeite colocando as azeitonas em sacos de pano e pressionando-as com uma prensa. Na primeira prensagem, obtém-se o óleo puro, utilizado para consagração, cura e como combustível para lâmpadas. A segunda prensagem resultava em um óleo de coloração mais avermelhada e sabor amargo, remetendo à taça amarga que Cristo consumiu em nosso lugar. Jesus foi ao Jardim do Getsemani, que significa "prensa do azeite", para se submeter ao peso de todos os pecados da humanidade. Por meio dessa prensa, naquele Jardim, seu sangue puro foi derramado para que pudéssemos obter redenção e cura para nossos pecados.

Em nossa vida, não é diferente: as dificuldades, perseguições e desafios atuam como prensas que extraem o melhor de nós para que a luz da Glória de Deus se manifeste em nossas vidas, permitindo-nos aprender e crescer.

Depois de ministrar uma pregação profunda e inteligente, repleta de conhecimento bíblico, um pastor em início de ministério se sentiu um pouco frustrado. Sua esposa havia feito uma crítica sobre a mensagem, e isso o incomodou. Nossas esposas são nossos termômetros no ministério, e isso é ótimo, pois elas falam com sinceridade. Eu disse a ele que precisava produzir unção, ou azeite, por meio da vida de oração, jejum, adoração, leitura e meditação da Palavra. No entanto, o que realmente o espremeria seria o ministério. Essa é a razão pela qual não podemos dividir nosso óleo com ninguém. Cada indivíduo deve amadurecer e aprender; deve ser moldado pelas próprias vivências, tomando o cuidado para não se tornar amargo, mas preservando a pureza e o bom perfume de Cristo sendo emanado por meio de sua existência.

As virgens não foram identificadas por suas lâmpadas, nem por suas vestes e, ouso afirmar, nem mesmo por sua pureza (virgindade), embora isso seja extremamente importante. Elas foram reconhecidas por estarem cheias de azeite (Mateus 25:4). Essa unção não é resultado apenas de manifestações espirituais, mas de uma vida íntegra e santa diante de Deus e de uma caminhada no Espírito.

Necessitamos do Espírito Santo. Não seremos homens ou mulheres de verdade, pais autênticos, líderes eficazes, nem conseguiremos realizar nada sem o precioso Espírito Santo. Não é suficiente apenas ser igreja; é necessário estarmos repletos de "azeite" para que a luz de Jesus resplandeça por meio de nós na vida das outras pessoas. Veja que interessante:

> *"Então o profeta Eliseu chamou um dos filhos dos profetas, e lhe disse: Cinge os teus lombos; e toma este vaso de azeite na tua mão, e vai a Ramote de Gileade; E, chegando lá, vê onde está Jeú, filho de Jeosafá, filho de Ninsi; entra, e faze que ele se levante do meio de seus irmãos, e leva-o à câmara interior. E toma o vaso de azeite, e derrama-o sobre a sua cabeça, e dize: Assim diz o Senhor: Ungi-te rei sobre Israel. Então abre a porta, foge, e não te detenhas."* (2 Reis 9:1-3)

E, no versículo 11 do mesmo capitulo, veja o que os capitães e companheiros disseram a respeito desse jovem profeta: *"Jeú voltou para o lugar onde estavam os seus companheiros, e eles perguntaram: — Tudo bem? O que aquele 'louco' queria com você?"*

Quando Elias pensava que tudo tinha chegado ao fim, Deus olhou para esse jovem, que possuía apenas um vaso de azeite nas mãos, e seu líder, o profeta Eliseu, lhe disse: "Pegue esse vaso de azeite, corra e unja Jeú". Deus está à procura de alguém para colocar um vaso de azeite nas mãos, alguém que esteja disposto a atender ao Seu chamado, mesmo que isso signifique ser visto como louco ou desequilibrado. Essa pessoa terá a Palavra de Deus ardendo em seu interior e estará pronta para correr e cumprir seu propósito. Quando isso acontecer, sairá correndo como um louco, sem esperar por aplausos ou reconhecimento. Não dirá: "Jeú, quando você se tornar rei, lembre-se de mim." Ele não se importava; sabia que precisava ir e voltar rapidamente. Sabia que sua missão era transmitir a palavra de Deus e ungir a vida de alguém com azeite.

Mas não havia ninguém mais adequado? Se Elias aparecesse, as pessoas diriam: "Olha lá o profeta Elias!" (o homem que orou e não choveu, que multiplicou farinha e azeite na casa de uma viúva e ressuscitou seu filho, o cara que orou e fez o fogo cair do céu). Se Eliseu chegasse, diria: "Olha lá o profeta Eliseu!" (o homem que abriu o rio Jordão, fez o machado flutuar, curou Naamã da lepra e, mesmo após a morte, fez seus ossos ressuscitar pessoas). Mas, então, chega alguém que não fez nenhum milagre, um improvável, um anônimo. A única coisa que ele tinha era azeite nas mãos e a palavra de Deus ardendo dentro dele. Deus só vai colocar em você o azeite e a palavra Dele. Você não precisa ser famoso para que as pessoas te ouçam, mas precisa ter o azeite em sua vida e a palavra de Deus queimando dentro de você.

Você sabe qual é o grande problema? Nós arranjamos muitas justificativas para as coisas de Deus: "Ah, se eu tivesse nascido em uma família cristã!" Ah, se minha família fosse equilibrada! Ah, se eu possuísse dinheiro! Ah, se eu fosse famoso! Ah, como eu gostaria de ter meu nome reconhecido! Mas o único requisito é o azeite e a palavra de Deus ardendo dentro de você. É por isso que Deus lhe deu este livro: para lhe dizer que o que você precisa é do azeite de Deus e da palavra de Deus para fazer a diferença em sua casa, escola, trabalho, bairro, cidade, país e até mesmo em outras nações.

Se você possuir o óleo de Deus e Sua palavra, você impactará sua geração e influenciará a vida de outros líderes de sua época, pois foi exatamente isso que ocorreu com esse jovem desconhecido. Deus precisa de pessoas dispostas a fazer a diferença e deixar sua marca na história. O Senhor está chamando você; Ele não precisa de você, mas conta com você.

Um grande problema atualmente é que as pessoas vão à igreja em busca de objetos ungidos (como rosas, lenços, vassouras, sabonetes e até itens inimagináveis), mas o Senhor não quer apenas te dar coisas ungidas; Ele quer ungir você! Apenas homens e mulheres ungidos serão capazes de mudar uma geração.

Quando você está cheio de azeite, tudo muda. Esse é o fato que explica o que ocorreu com o Apóstolo Pedro em seu primeiro sermão. O fato de estar cheio de azeite — ou seja, cheio do Espírito Santo — foi exatamente o que levou aquelas quase 3.000 pessoas a se renderem a Cristo. Isso é o que os pregadores de hoje precisam; isso é o que a igreja de hoje precisa. Foi isso que deu a Pedro ousadia, fazendo-o se considerar indigno de morrer como seu Mestre Jesus, a ponto de pedir para ser crucificado de cabeça para baixo.

Quando você está cheio do Espírito Santo, suas palavras são pronunciadas de forma suave e cuidadosa. O impacto no coração das pessoas é completamente distinto; seus sentimentos se transformam, seu olhar se altera e sua postura deixa de ser egocêntrica. É nesse instante que você se transforma em uma Luz, um exemplo, um padrão que espelha o caráter de Cristo. Aquelas virgens néscias estavam sem azeite, o que as deixou "despreparadas" para o encontro com o Noivo. Estamos passando por um período de sono ou cansaço espiritual. Muitas pessoas que afirmam ser da igreja estão cochilando ou até mesmo dormindo, no sentido espiritual. No entanto, mesmo cansados, precisamos nos reabastecer com o azeite celestial, para que não sejamos excluídos quando o Senhor Jesus retornar.

Precisamos nos incendiar, ou as pessoas acabarão passando a eternidade nas chamas do inferno. É disso que precisamos: chamas e não fama.

O FOGO

Uma coisa é certa: o fogo é necessário para que a luz seja gerada. O fogo também representa o Espírito Santo precioso. O fogo nos traz algo extraordinário na palavra de Deus: a manifestação viva da presença de Deus entre nós. Há 421 referências à palavra "fogo", sendo 31 apenas no livro de Levítico, onde o fogo simboliza a presença de Deus.

"O sacerdote vestirá a sua túnica de linho e os calções de linho sobre a pele nua, e levantará a cinza, quando o fogo houver consumido o

holocausto sobre o altar, e a porá junto a este. Depois, despirá as suas vestes e porá outras; e levará a cinza para fora do arraial a um lugar limpo. O fogo, pois, sempre arderá sobre o altar; não se apagará; mas o sacerdote acenderá lenha nele cada manhã, e sobre ele porá em ordem o holocausto, e sobre ele queimará a gordura das ofertas pacíficas.O fogo arderá continuamente sobre o altar; não se apagará." (Levítico 6:10-13)

Deus revela sua presença através do fogo. Ele se revelou a Moisés por meio da sarça ardente em chamas (Êxodo 3:1-5). Moisés presenciou o fogo divino, a glória divina. A primeira instrução que Moisés recebeu foi: *"Tire as sandálias dos pés, pois o lugar onde você está é sagrado"*. Deus tomou um arbusto. Algo que não tinha beleza foi transformado em glória. *"E a pôr sobre os que em Sião estão de luto, uma coroa em vez de cinza, óleo de alegria em vez de tristeza, vestes de louvor em vez de espírito angustiado; a fim de que se chamem carvalhos de justiça, plantados pelo SENHOR, para sua gloria"* (Isaías 61:3). Deus é perito em fazer isso; foi assim que Ele fez comigo.

Moisés se aproximou da sarça que ardia em fogo. Embora fosse comum que as sarças pegassem fogo no deserto devido ao calor intenso, à noite elas se apagavam por causa da queda de temperatura. No deserto, o calor durante o dia era quase insuportável, mas à noite o frio era intenso. Por isso, Deus enviava uma coluna de nuvem durante o dia para proteger o povo do calor e uma coluna de fogo à noite para aquecê-lo.

Porém, o que despertou a curiosidade de Moisés não foi o fato de ela estar em chamas, mas o motivo de não se extinguir. Segundo estudiosos antigos, a sarça ardente permaneceu em chamas por dias enquanto Moisés pastoreava o gado de seu sogro.

O que isso me ensina? O que atrairá profetas e libertadores não é o que hoje arde; é o que temos vivido: focos de fogo que duram apenas algumas horas, às vezes semanas, talvez meses. Porém, o que atrairá pessoas para uma vida apaixonante em Deus é não se apagar: é não se apagar à noite. É nas trevas que devemos arder.

Você deve ser uma sarça ardente, não uma árvore de Natal. Você deve atrair profetas e libertadores, e não crianças em busca de presentes. Você não foi convocado para brilhar, mas para incendiar.

Não devemos agir como uma árvore de Natal, repleta de presentes e com luzes piscando para atrair olhares. Como cristãos, nossa missão não é buscar destaque, mas refletir a glória de Deus em meio às trevas. É onde há trevas que devemos ir; e é onde há pessoas apagadas que aqueles que estão queimando devem ir.

Durante o dia, Deus se revelava em uma coluna de nuvem, e à noite, em uma coluna de fogo. Deus deseja remover de nossas vidas toda escuridão e frieza espiritual.

Elias confrontou homens que não tinham nenhum remorso em sacrificar qualquer coisa para seus deuses Baal e Asherah. Elias estava solitário, porém na presença de Deus. Elias invocou a Deus, e Deus se revelou como fogo, o fogo que consumiu o holocausto, a lenha e até mesmo a água que fora derramada em uma vala. É o fogo que distingue o sagrado do profano.

Após a oração, o Espírito Santo desceu sobre as 120 pessoas reunidas no Cenáculo, e Deus se revelou por meio de línguas de fogo e labaredas. Hebreus 1:7 também se refere aos anjos: Aquele que transforma seus anjos em ventos e seus ministros em labaredas de fogo. Os pregadores e profetas precisam queimar, como disse John Wesley (1703-1791), um pregador e teólogo que causou um grande avivamento na Inglaterra e nos Estados Unidos. Graças às atividades missionárias entre os ingleses e americanos, o movimento se espalhou pelo mundo todo. Ele dizia: "Eu me coloco em chamas, e o povo vem para me ver queimar." Se não for desse jeito, nem prego!

A chama no altar deve ser constante e pura. De acordo com historiadores, o fogo no altar foi aceso pela primeira vez por volta de 1446 a.C. e foi apagado pela última vez em 586 a.C. O fogo perpétuo de Deus representa uma adoração constante na presença divina. O livro de Hebreus nos ensina: *"Por meio de Jesus, pois, ofereçamos a Deus, sempre, sacrifício de louvor, que é o fruto de lábios que confessam o seu nome"* (13:15). O Senhor nos ensina que devemos dar graças sempre. Devo sempre louvar a Jesus. Na abundância, na carência, na adversidade, na saúde, na enfermidade.

Altar menciona Fogo, e é sobre esse fogo do altar que estamos falando. As cinzas deveriam ser retiradas do arraial pelos sacerdotes. Cinzas não têm mais utilidade, pois já foram queimadas e não podem mais ser aproveitadas. O passado é representado pela cor cinza. O que é cinza já ficou para trás. As cinzas precisavam ser removidas para fora. Há alguma cinza em sua vida? Pecado, orgulho, egoísmo, corrupção: você não pode tocar novamente nas cinzas, pois elas abafam o fogo. Há aspectos em nossas vidas que são apenas cinzas. Deus deseja que tenhamos um fogo puro e sagrado.

É o fogo que testa a joia preciosa, e Deus está removendo suas impurezas porque deseja que você seja um vaso de honra: não de madeira ou palha, mas de ouro precioso para ser utilizado por Ele. Esse fogo também tocou Isaías, confirmando sua vocação profética. Deus deseja purificá-lo hoje com esse fogo purificador, tornando-o branco de glória.

O fogo que renova Sua obra é desejado pelo profeta Habacuque, profetizado por Joel, recebido em Pentecoste e ainda presente hoje. A menos que você não queira, saia da frieza espiritual, crente geladeira ou crente iceberg, e entre no fogo. Deus quer nos avivar; quer te capacitar com o poder e o fogo do Espírito Santo e derramar em nossas vidas. Você quer? Então se prepare, pois Deus enviará do céu.

Sem fogo não há poder; deixe o fogo se alastrar. Quantos desejam colocar lenha no altar, remover as cinzas para que o fogo possa se intensificar? Quantos querem ver sua vida arder nas brasas do fervor? Deus vai agir, esteja preparado. Já vejo brasas queimando na igreja, na sua vida, no seu coração e no seu ministério. Não deixe o fogo apagar, seja como as noivas prudentes.

*

Para finalizar este capítulo, a parábola termina com um acontecimento triste: uma porta fechada. A porta que Deus fecha após nos permitir entrar uma vez não se reabre. Lembre-se de que estamos vivendo a época das oportunidades de Deus para nós, mas haverá um momento em que não haverá mais tempo.

Atualmente, o Senhor Jesus, nosso Noivo, exerce o papel de Advogado perante Deus (1 João 2:1), porém haverá um momento em que Ele será o Justo Juiz. Quão miserável é o homem que se esquece do julgamento; é triste ver tantas pessoas vivendo de qualquer jeito neste mundo, acreditando que escaparão impunes de seus pecados. Ninguém conseguirá se esconder desse grande dia, o dia do julgamento. Esse julgamento surpreenderá muitos, pois o que consideravam seguro e correto se revelará ilusório. Há crente que acredita que, apenas por ser membro da igreja, pode cometer qualquer tipo de pecado sem colocar sua salvação em risco. Nada disso é garantia para o grande dia do julgamento, como a ilusão de ter credencial de pastor ou missionário, ou ser membro de uma igreja.

As pessoas acreditam que receberão ajuda nesse dia. Muitos depositam sua confiança em orações, velas, santos e purgatório — que decepção terão! Outros depositam sua confiança em seus parentes: "Meu pai ou minha mãe são cristãos e oram por mim; meus pais são pastores". Mas que decepção! Nesse dia, ninguém oferecerá ajuda, nem Cristo nem Deus Pai. Hoje, você pode confiar em Jesus, pois Ele é o Salvador do mundo e nosso Advogado. No entanto, no dia do juízo, Ele será o Justo Juiz. O juiz não ajuda, a menos que seja corrupto; ele apenas profere a sentença de acordo com a lei.

Esse Grande Dia está chegando: *"Vamos celebrar, vamos nos regozijar, vamos dar glória a Ele! O casamento do Cordeiro vai acontecer; sua Esposa já se aprontou. Ela recebeu um vestido de noiva de linho brilhante e resplandecente. O linho e a justiça dos santos."* (Apocalipse 19:7-8, A Mensagem); *"Bem-aventurados aqueles que guardam os seus mandamentos, para que tenham direito a árvore da vida, e possam entrar na cidade pelas portas"* (Apocalipse 22:14).

Sou um dos que espera o retorno de Jesus, um dos que anseia por isso, um dos que se alegra e clama: Maranata! Ora vem, Senhor Jesus!

Desejo estar ao seu lado! Desejo contemplar a glória de Deus! Vamos nessa?

CAPÍTULO 3
O REINO OU IMPÉRIO

"Não temas, ó pequeno rebanho, porque a vosso Pai agradou dar-vos o Reino." **Lucas 12:32**

Em Mateus 16:18, Jesus afirma que edificaria sua Igreja. O que Ele nos pediu para construir, então? Jesus se referiu à Igreja apenas duas vezes durante seu ministério. Então, quais foram os temas que abordou? Somente temas relacionados ao Reino de Deus. A palavra "igreja" é citada por Jesus somente em duas ocasiões, nos capítulos 16 e 18 de Mateus. Em Mateus 16:18, ele diz: *"tu es Pedro, e sobre essa pedra, eu edificarei minha Igreja, e as portas do Inferno não prevalecerão contra ela"*. E em Mateus 18:17, ele faz menção de *Ekklesia* pela segunda vez, com o significado etimológico de "chamados para fora" ou "convocados para fora" em grego.

Qual é o procedimento para aconselhar alguém que precisa ser corrigido?

"Ora, se teu irmão pecar contra ti, vai, e repreende-o entre ti e ele só; se te ouvir, ganhaste a teu irmão; Mas, se não te ouvir, leva ainda contigo um ou dois, para que pela boca de duas ou três testemunhas toda a palavra seja confirmada. E, se não as escutar, dize-o à igreja; e, se também não escutar a igreja, considera-o como um gentio e publicano" (Mateus 18:15-17)

No entanto, Ele se refere ao Reino dos Céus ou Reino de Deus mais de 80 vezes.

Quando me preocupo e me concentro em edificar a igreja, estou assumindo um peso desnecessário e pesado, já que Jesus nunca me pediu para fazer isso. Quantas vezes convidei as pessoas para a minha igreja em vez de convidá-las para a igreja de Jesus? Nosso egoísmo nos mantém em um estado de profunda ignorância teológica. Não temos a missão de edificar a igreja, mas de instaurar o Reino. Mas, em que lugar devemos instaurar esse Reino? No coração das pessoas, conforme Lucas 17:20-21: *"Interrogado pelos fariseus sobre quando viria o reino de Deus, Jesus lhes respondeu: Não vem o reino de Deus com visível aparência. Nem dirão: Ei-lo aqui! Ou: Lá está! Porque o reino de Deus está dentro de vós"* (ARA). E se fizermos a nossa parte, Ele edificará a igreja que sempre sonhamos. Acredite: a igreja dos nossos sonhos existe.

As coisas sobrenaturais começarão a acontecer quando compreendermos o propósito de Jesus. O Espírito Santo estabelecerá um ambiente selvagem de liberdade para que Ele possa agir e mostrar seus sinais. É urgente que deixemos os edifícios e comecemos a manifestar o Reino no mundo, para que as pessoas possam se tornar a Igreja. O Reino de Deus é o que ocorre quando você sai do edifício que chamamos de igreja, não o que acontece enquanto você está dentro dessa construção. A igreja é o meio pelo qual Deus estabelece Seu Reino no coração das pessoas. Desde o começo até o final das Escrituras, há menções sobre o Reino. No Antigo Testamento, livros como Daniel, Isaías, Ezequiel, Zacarias e Salmos fazem muitas referências sobre o Reino. E o que foi exposto no Antigo Testamento permeia o Novo Testamento, de Mateus a Apocalipse.

O primeiro sermão de João Batista tratou sobre o Reino, assim como o primeiro sermão de Jesus. Após ressuscitar, Jesus pregou sobre o Reino por 40 dias (Atos 1:3). Quando envia os discípulos, Ele lhes dá a seguinte instrução: *"Mas ide antes às ovelhas perdidas da casa de Israel; E, indo, pregai, dizendo: É chegado o Reino dos céus. Curai os enfermos, limpai os leprosos, ressuscitai os mortos, expulsai os demônios; de graça recebestes, de graça dai"* (Mateus 10:6-8). Na oração mais conhecida do mundo, chamada Pai Nosso, Jesus nos orienta a solicitar: *"Venha o Teu Reino, seja feita a tua vontade assim na terra como no Céu"* (Mateus 6:10). Mas em Mateus, um pouco mais adiante, no versículo 33, Ele coloca o Reino como prioridade, não apenas como um pedido. A vontade divina deve ser manifestada na Terra.

Eu tenho convicção de que, quando a igreja deixar de se restringir às quatro paredes e começar a ser a igreja do Reino, ocupando as ruas e estradas de um mundo faminto e desesperado, o grande avivamento que tanto desejamos e imploramos finalmente ocorrerá.

Há uma grande distinção entre Reino e Império. Alguém aqui sabe quem foi o primeiro imperador? Qual é o nome do local onde Ninrode construiu uma cidade e uma torre? Babel, também conhecida como Babilônia (Gênesis 14). Reino possui Rei, enquanto Império possui Imperador; Reino opera com influências e leis e Império atua com escravidão e controle. O Reino é construído com pedras vivas, que não podem ser alteradas por ferramentas humanas. Isso significa que você deve trabalhar com o que elas são, encontrando um lugar para cada uma, pois cada pedra tem seu lugar nesse edifício. *"Vós também, como pedras vivas, sois edificados casa espiritual e sacerdócio santo, para oferecer sacrifícios espirituais agradáveis a Deus por Jesus Cristo".* (1 Pedro 2:5).

Há pedras grandes, pequenas, quadradas, redondas, e até pedras bicudas. Já viu esses irmãos bicudos na sua congregação? Eles nos espetaram tanto! Por isso, não podemos deixar de nos relacionar e de congregar. Você sabia que a etimologia da palavra "relacionamento" vem de "relar"? É necessário ter o toque, o contato, a interação física. Às vezes, as quinas das pedras nos ferem; os relacionamentos nem sempre são simples. Contudo, o Reino é um Reino de relacionamentos, e a essência do Cristianismo é a conexão. Deus se fez homem para se relacionar conosco e morreu na cruz para restaurar essa relação. É a conexão que nos permite, como pedras vivas, integrar essa edificação. Lembre-se: *"Assim como o ferro afia o ferro, o homem afia o seu companheiro"* (Provérbios 27:17, NVI).

O Império lida com tijolos de barro. Seria bom se fosse assim com a igreja, pois seria rápido e simples. Porém, não é. O Império molda todos de uma forma, todos precisam ser iguais, todos pensam da mesma maneira, se vestem igual e ouvem a mesma música. Não possui personalidade nem liberdade. O autoritarismo é caracterizado pelo domínio do medo e pela criação de prisioneiros da alienação.

> *"Porque o Reino de Deus não se resume a comida e bebida, mas a justiça, paz e alegria no Espírito Santo. Porque quem serve a Cristo neste aspecto é agradável a Deus e bem visto pelos homens. Continuemos, portanto, com as coisas que promovem a paz e a edificação mútua."*
> (Romanos 14:17-19)

*

Quem vive o Reino de Deus apresenta essas características:

JUSTIÇA: um dos papéis da igreja é elevar o nível de justiça nos lugares onde Deus a coloca. Isso é tudo o que nossa geração precisa hoje: homens e mulheres do Reino que aumentem o nível de justiça nos ambientes em que estão.

Em Atos 5, um homem chamado Ananias e sua esposa Safira morrem durante a entrega de sua oferta em um culto. Que loucura! Eles retêm uma parte do valor de uma propriedade que haviam vendido e acabam morrendo. Sabe qual foi o erro deles? Não se tratou de reter, como afirmou o apóstolo Pedro, mas de entrar na fila de quem estava entregando tudo.

Um homem chamado José, carinhosamente apelidado de Barnabé, vendeu sua herança e colocou o valor aos pés dos apóstolos, e não nos bolsos. Barnabé elevou o padrão de justiça. Essa foi a razão pela qual Ananias e sua esposa morreram. Quando alguém eleva o nível de justiça, observa-se o seguinte: *"Dos outros, porém, ninguém ousava ajuntar-se a eles; mas o povo tinha-os em grande estima. E a multidão dos que criam no Senhor, tanto homens como mulheres, crescia cada vez mais"* (Atos 5:13-14).

Na geração de Eli, seus filhos agem de maneira irreverente com as coisas de Deus, sem temor ou respeito; as ofertas eram desconsideradas e levavam uma vida promíscua. Eli era um pai negligente, desprovido de autoridade, visão e direção. *"E a palavra de Senhor era muito rara naqueles dias; as visões não eram frequentes"* (1 Samuel 3:1). Em 1 Samuel 3:1, o ministério profético estava em silêncio, a justiça estava em um nível muito baixo e nada acontecia com eles. No entanto, anos antes, dois irmãos, também filhos de sacerdote, tentam oferecer algo incomum a Deus: incenso com um fogo diferente, e são literalmente fulminados por Deus, conforme Levítico 10.

A questão é simples: por que os filhos do sacerdote Eli não morreram imediatamente, enquanto os do sacerdote Arão morreram de forma instantânea? Na geração dos filhos de Arão, havia um homem conversava face a face com Deus, e possuía um alto nível de justiça, o que tornava qualquer brincadeira impossível. Moisés era esse homem. Atualmente, o nível está tão baixo que, quando ocorre e é registrado, faz um grande sucesso nas redes sociais. Quando ocorre, é tão incomum que se destaca. Só sei de uma coisa: ao elevar o nível de justiça, você começará a atrair o sobrenatural para o seu local.

PAZ: quem pertence ao Reino possui paz. Mesmo que os ambientes em que se encontra sejam hostis, isso não afeta seu interior. O que acontece fora não pode atingi-lo, pois, como membro do Reino, carrega a paz como uma das características distintivas. Além disso, ele é um pacificador, construindo pontes de perdão e paz e estabelecendo isso em todos os lugares. *"Bem-aventurados os pacificadores, porque eles serão chamados filhos de Deus"* (Mateus 5:9).

O Reino é um reino de Filhos. E Jesus é o Príncipe da Paz. Uma maneira bastante comum de os cristãos se cumprimentarem é dizendo: A paz do Senhor! Repetir esta frase sem pensar é como dizer: bom dia! Não possui nenhum efeito espiritual. Pode ser interessante, mas o que realmente significa a paz do Senhor? Jesus ensinou sobre uma paz que se distingue de todas as ideias humanas. Um dos títulos de Jesus é Príncipe da Paz, o que significa que Ele é o Dono da paz verdadeira.

Assim, a única paz que podemos encontrar neste mundo está em Jesus. Como Ele mesmo disse: *"Deixo-vos a paz, a minha paz vos dou; não vo-la dou como o mundo a dá. Não se turbe o vosso coração, nem se atemorize."* (João 14:27). A paz de Jesus não depende de circunstâncias; ela vem de dentro para fora, e não o contrário. A verdadeira paz é a paz interior, é conseguir deitar a cabeça no travesseiro e dormir tranquilamente, mesmo em meio à guerra. Por essa razão, Ele conseguiu dormir durante a tempestade (Mateus 8:23-27) Como isso é possível? Tranquilo. Essa paz se baseia na confiança em Sua Palavra: *"Não se turbe o vosso coração; credes em Deus, crede também em mim."* (João 14:1). Trata-se da teoria do passarinho que se acomoda no galho seco e quebrado da árvore, pois tem consciência da utilidade de suas asas. Aqueles que têm Jesus como Senhor enfrentam todas as dificuldades humanas como qualquer pessoa, mas entendem para que servem as asas da fé.

A verdadeira paz consiste em confiar na soberania de Deus e na certeza de que, no final, tudo se resolve, por mais difícil que seja a situação. Se você deseja viver em paz, não adianta buscar a paz que o mundo oferece, pois, a qualquer momento, você pode perder o que considera fonte de sua paz; tudo no mundo é efêmero. Porém, na tranquilidade que o Príncipe da Paz pode oferecer, nada pode tirar, nem mesmo qualquer situação. Acolha essa tranquilidade dentro de você.

ALEGRIA: *"Alegrai-vos sempre no Senhor; outra vez digo: alegrai-vos".* (Filipenses 4:4). Uma carta foi escrita pelo apóstolo Paulo à igreja de Filipos. Filipenses é uma das cartas chamadas de "Epístolas da prisão", pois Paulo estava encarcerado em Roma quando a escreveu. Ele tinha motivos para estar ansioso, angustiado, cheio de dúvidas e se perguntando: "Quando serei livre? Quando e onde darei prosseguimento à missão? A prisão se tornará mais severa? Serei sentenciado à morte? Qual será o destino da igreja de Filipos e das demais igrejas?" Porém, Paulo não se importava com nada disso. O que caracteriza esta carta da prisão não é a ansiedade, incerteza ou temor, mas a alegria e o ânimo que a permeiam do início ao fim, mesmo com Paulo estando encarcerado.

A alegria também deve ser uma escolha: cabe a mim decidir se serei feliz ou não. Salmos 30:5: *"O choro pode durar uma noite, mas a alegria vem pela manhã."* Se sei que a alegria chega pela manhã, por que chorar durante a noite? A alegria no Senhor difere da alegria mundana; no Senhor, experimentamos uma alegria constante, mesmo diante das adversidades da vida. Paulo tinha motivos de sobra para se alegrar, mesmo tendo sido perseguido, açoitado e aprisionado, e certamente não estava disposto a sorrir sem motivo. Porém, irradiava uma alegria genuína. Dessa forma, mesmo em meio ao sofrimento em um calabouço romano, ele conseguia encorajar os demais. O que lhe proporcionava essa força interior? A origem da força em si: o Senhor e Sua Palavra! *"A alegria no Senhor é a vossa força"* (Neemias 8.10). *"A esperança dos justos é alegria"* (Provérbios 10.28).

A alegria no Senhor é tão maravilhosa porque é refrescante e extremamente contagiante. A ordem é: *"Alegrai-vos com os que se alegram..."* (Romanos 12.15). A alegria é uma característica do Céu! Você precisa optar por ser feliz. Ore solicitando que Jesus unja sua alma com o óleo da alegria. A alegria proporcionada pelo mundo é sempre efêmera. Drogas: o efeito do crack dura em média de 5 a 10 segundos; uma balada, uma noite; a companhia de amigos, alguns minutos ou horas. No entanto, a alegria de um agente do Reino permanece eternamente.

CAPÍTULO 4

O MARQUETEIRO DE JESUS

"E este é o testemunho de João, quando os judeus mandaram de Jerusalém sacerdotes e levitas para que lhe perguntassem: Quem és tu? E confessou, e não negou; confessou: Eu não sou o Cristo. E perguntaram-lhe: Então quê? És tu Elias? E disse: Não sou. És tu o profeta? E respondeu: Não. Disseram-lhe pois: Quem és? Para que demos resposta àqueles que nos enviaram; que dizes de ti mesmo? Disse: Eu sou a voz do que clama no deserto: Endireitai o caminho do Senhor, como disse o profeta Isaías." **João 1:19-23**

A propaganda é um dos meios mais utilizados para promover produtos e serviços. A propaganda é a alma dos negócios. Não sei você, mas eu sempre ouvi essa frase. O marketing é o principal meio para promover o reconhecimento e a aceitação positiva entre as pessoas que podem se tornar seus clientes e consumidores. É possível conhecer a estrutura, a finalidade e as formas de aquisição do produto antes mesmo de seu lançamento.

O Eterno Deus, nosso Abba, planejou um acontecimento de grande importância e impacto: o envio de Seu Filho ao mundo para resgatar a humanidade da condenação eterna, libertando-a das garras de Satanás e proporcionando a reconciliação do homem consigo mesmo.

Esse plano grandioso precisava ser divulgado, e ao longo das gerações, Deus utilizou diversos profetas para anunciar a vinda do Filho de Deus.

Isaías, talvez o maior profeta messiânico do Antigo Testamento, teve uma experiência extraordinária com Deus. Ele viu o Senhor em seu alto e sublime trono e experimentou a grandeza de Deus, sentindo a santidade em todo o seu ser. Quando temos esse encontro, somos confrontados com a nossa própria impureza e nossos pecados. Então, Isaías arranca um grito do fundo de sua alma: *"...Ai de mim! Estou perdido! Porque sou homem de lábios impuros, habito no meio de um povo de impuros lábios, e os meus olhos viram o Rei, o Senhor dos Exércitos!"* (Isaías 6:5). Isso me intriga: um Serafim, que significa "aquele que arde em fogo", utiliza uma tenaz, uma espécie de tesoura ou pegador, para pegar uma brasa viva. Por que aquele que arde em fogo precisa de um objeto para pegar essa brasa? Que tipo de fogo está contido nessa brasa? Retornando ao tema, ele é tocado em sua boca após isso. Aprendo algo aqui: Deus só pode tocar onde eu reconheço. Isaías admitiu seu pecado de língua, e por isso foi tocado na boca. A partir desse momento, ele se torna o maior profeta messiânico do Antigo Testamento, e seus escritos revelam detalhes da vida e morte de Jesus.

Miquéias, Joel, Malaquias, Jeremias, Davi em seus salmos e muitos outros anunciaram o nascimento, a natureza, a missão, o sofrimento e a vitória de Jesus. No entanto, houve um período de 400 anos de silêncio entre o Antigo e o Novo Testamento, durante o qual Deus interrompe sua comunicação com a humanidade e a voz profética é silenciada. Muito tempo se passou e poucos israelitas se lembravam da promessa da salvação. Com a chegada do império romano, Israel começou a sonhar novamente com a promessa de um libertador, mas agora focava mais na Redenção de Israel e Jerusalém. Esperavam um libertador político, mas Deus enviou um libertador espiritual, alguém que proporcionaria libertação interior e libertação da escravidão dos pecados.

E, no momento exato determinado por Deus, a Bíblia afirma em Gálatas 4:4 que "na plenitude dos tempos" ocorre a encarnação do Filho de Deus por meio de uma jovem chamada Maria. Uma manifestação sobrenatural do Espírito Santo.

No entanto, seis meses antes da visita do anjo Gabriel a Maria, outra família também experimentou o milagre da concepção, pois a mulher era estéril e de idade muito avançada. Uma família de sacerdotes da tribo de Levi recebeu uma bênção. Deus nunca deixa de realizar sonhos. Zacarias e Isabel foram escolhidos para serem os pais do marqueteiro pessoal e principal de Jesus. Seria a voz que precederia dEle e prepararia o caminho.

O menino seria chamado de João, nome que significa "Deus dá graça" ou "O Senhor é gracioso". Lucas 1:15 diz que ele seria grande diante do Senhor, cheio do Espírito Santo desde o ventre materno e prepararia um povo para receber o Messias prometido. E, em sua vida intrauterina, o menino de alegria ao reconhecer a voz de Maria, mãe de Jesus. Isabel foi preenchida pelo Espírito Santo, e João novamente pulou de alegria por estar na presença de seu Senhor.

Quando João iniciou seu ministério no vale do Jordão, por volta dos vinte e nove ou trinta anos, causou um grande impacto com seu figurino incomum. Ele vestia roupas de pelo de camelo e cinto de couro, não consumia vinho e sua alimentação era bastante exótica: gafanhotos com mel silvestre. Sua palavra era agressiva e contundente, mas ao mesmo tempo profunda, trazendo um tom de julgamento e convocação ao arrependimento. Isso fazia com que seus ouvintes refletissem sobre si mesmos e gerava a necessidade de uma metanoia, ou seja, uma mudança de mente e vida. Sua aparência e discurso remetiam aos profetas do Antigo Testamento, com destaque para o profeta Elias.

Ele era somente uma voz que gritava no deserto, indicando a direção para Alguém mais importante do que ele. Se considerava indigno de desatar as sandálias de Seus pés. Ao ser questionado sobre sua identidade, ele não se exaltou. Apenas mencionou que falava sobre Aquele que viria depois dele. João foi um exemplo divino de grandeza, conforme Jesus afirmou: *"...entre os nascidos de mulher, ninguém é maior que João"*. (Lucas 3:28). Era completamente distinto e preparado para a tarefa de mostrar ao homem a urgência do arrependimento, pois o momento da grande visitação havia chegado. Firmeza, coragem, consagração, anseio por justiça: ou seja, ele era a testemunha perfeita.

João realizava batismos com água, representando a purificação dos pecados. Mas anunciava Jesus, que batizaria com o Espírito Santo e com fogo, teria poder para perdoar pecados e iniciar o processo de purificação, que seria o caminho para deixarmos de ser simples criaturas de Deus e nos tornarmos filhos do Altíssimo (João 1:12). João despertou a nação judaica da apatia, mantendo-os atentos ao período de realização da promessa divina: o Messias viria para libertar Israel. João sacrificou sua própria vida em defesa da verdade, da moral e da ética.

*

Gostaria de traçar um paralelo entre João Batista e a Igreja atual:

1. NA SUA PRIMEIRA VINDA, JOÃO PREPAROU O CAMINHO DO SENHOR.

A igreja aponta o caminho do Senhor em sua segunda vinda. Essa deve ser a mensagem central da igreja atualmente, já que esse evento está prestes a acontecer.

2. JOÃO ESTAVA REPLETO DO ESPÍRITO SANTO DESDE O ÚTERO DE SUA MÃE.

A igreja foi criada por meio de uma manifestação sobrenatural do Espírito Santo durante o Pentecostes, quando foi preenchida com o poder, a força, a autoridade e a habilidade do Espírito Santo (Atos 2:1-4). Estar cheio do Espírito Santo significa viver constantemente sob a direção de Deus.

3. JOÃO FOI A VOZ QUE PEDIU AO POVO QUE SE ARREPENDESSE.

A igreja é a voz profética atual, guiando as almas para o arrependimento e a transformação. Por esse motivo, uma igreja que segue os padrões bíblicos sempre confrontará o pecado. Tenha cuidado com o tipo de igreja que te deixa excessivamente confortável. O Apóstolo Paulo não comparou o evangelho a um travesseiro, mas a uma espada; não o comparou a um edredom quentinho e fofinho, mas a uma armadura (Efésios 6).

4. JOÃO DEU TESTEMUNHO DE CRISTO COMO MESSIAS E DE SUA OBRA DE REDENÇÃO.

A igreja é a testemunha de Cristo em sua totalidade amorosa, sendo considerada a carta viva (2 Coríntios 3:3). Provavelmente, a única Bíblia que algumas pessoas têm acesso é a sua vida. Gosto do que diz um teólogo antigo: "Pregue o evangelho e, se necessário, use palavras". Palavras convencem, mas exemplos arrastam. Um indivíduo que faz parte da igreja é um bom perfume de Cristo, irradiando a presença, o amor e a graça de Jesus. (2 Coríntios 2:15)

5. JOÃO FOI DESIGNADO E CAPACITADO PELO ESPÍRITO PARA REALIZAR SEU MINISTÉRIO.

O Espírito tem preparado e capacitado a Igreja para cumprir seu ministério em todas as gerações. Em muitas igrejas onde ministrei, testemunhei muitos batismos com o Espírito Santo, com Ele separando pessoas, chamando-as e concedendo-lhes dons espirituais. O que mais me chamou a atenção foi o fato de isso ocorrer com frequência entre as crianças.

Em São José do Rio Claro, uma cidade no Mato Grosso, presenciei uma criança de aproximadamente cinco anos entregando sua vida a Cristo, sendo batizada com o Espírito Santo e recebendo o dom de falar e orar em línguas estranhas. Esse dia ficou gravado em minha memória, pois o agir do Espírito Santo foi coletivo em toda a igreja, e a liberdade com que os dons espirituais se manifestaram foi simplesmente fantástica.

6. JOÃO FOI O MINISTRO LEAL QUE CONDENOU O PECADO, MAS QUE ATRAÍA OS PECADORES PARA UMA TRANSFORMAÇÃO DE VIDA.

A igreja é chamada para repudiar o pecado, mas também para acolher os pecadores e conduzi-los a uma nova vida em Cristo Jesus. A igreja não deve julgar, mas amar e cuidar. Veja o que Jesus disse:

> *"Se teu irmão pecar [contra ti], vai argui-lo entre ti e ele só. Se ele te ouvir, terás ganho o teu irmão. Caso contrário, leva contigo uma ou duas pessoas, para que a palavra de duas ou três testemunhas seja confirmada. E, se ele não os atender, diga isso à igreja; e, se também não ouvir a igreja, trate-o como um gentio e publicano"* (Mateus 18:15-17).

Em nossa religiosidade superficial, temos este pensamento: passei por todo o processo e, ao chegar ao final, faço a incisão dessa pessoa no corpo de Cristo. Mas não é isso que Jesus quis dizer com essa fala. Ele quis dizer o seguinte: comece de novo, essa pessoa ainda não se converteu, discipule-a, ame-a. Esse é, sem dúvida, o papel da Igreja.

*

Atualmente, a Igreja é a voz que precisa clamar no deserto, apontando o caminho reto do Senhor; é a luz que deve brilhar nas trevas, o farol no final do túnel na vida das pessoas; é o sal que proporciona o bom gosto ou que desperta a sede por Jesus; é o abrigo que acolhe o cansado. É a mão e a voz abençoadora; a doação que atende ao necessitado; o amor que se entrega; o rio que corre com águas vivas; a força unida que avança até o fim — o anseio fervoroso do Maranata!

Erga-se, pois no deserto da vida pode haver alguém que necessite da sua voz para indicar o caminho que conduz ao Pai.

CAPÍTULO 5
O CORPO DE JESUS (IGREJA)

"E, chegada a tarde, porquanto era o dia da preparação, isto é, a véspera do sábado, Chegou José de Arimateia, conselheiro honrado, que também esperava o reino de Deus, e ousadamente foi a Pilatos, e pediu o corpo de Jesus. E Pilatos se maravilhou de que já estivesse morto. E, chamando o centurião, perguntou-lhe se já havia muito que tinha morrido. E, tendo-se certificado pelo centurião, deu o corpo a José; O qual comprara um lençol fino, e, tirando-o da cruz, envolveu-o no lençol, e o depositou num sepulcro lavrado numa rocha; e revolveu uma pedra para a porta do sepulcro. E Maria Madalena e Maria, mãe de José, observavam onde o punham." **Marcos 15:42-47**

Essa geração necessita, com urgência, dos Josés de Arimatéia e dos Nicodemos, que amam Jesus de forma incondicional e amam o corpo de Jesus (Igreja), o corpo sem vida, pois é fácil amar o corpo quando está vivo. Homens que protejam o corpo, especialmente quando ele está sem vida. Dispostos a abrir mão até de suas crenças para cuidar do corpo sem vida de Jesus. Homens que lutam pelo corpo sem vida, que se empenham no corpo inerte. José de Arimatéia e Nicodemos estavam preparando o corpo sem vida de Jesus enquanto os demais discípulos fugiam ou se trancavam com medo.

É maravilhoso estar próximo de Jesus vivo, realizando milagres, multiplicando alimentos, ressuscitando pessoas, proclamando palavras de vida, curando todas as enfermidades, libertando e abençoando. No entanto, quero ver como se cuida do corpo sem vida, paralisado pela morte, gelado e sem reação!

Antes temeroso de ser visto com Jesus, o discípulo oculto José agora atravessa Jerusalém com coragem, dirige-se a Pilatos e exige: "Me dá o corpo!" Mas ele está morto! Não importa o que aconteça, eu quero cuidar do Corpo! Por amor ao corpo de Jesus, tanto ele quanto Nicodemos abandonaram toda a sua religiosidade. Como membros do Sinédrio e fariseus, sabiam que tocar em um cadáver os tornaria incapazes de celebrar a Páscoa e que seriam considerados impuros por vários dias (Números 19:11). Mas o que isso importa? Eu amo Jesus e amo o corpo de Jesus, mesmo que ele não esteja vivo.

José de Arimatéia lavou o corpo e o envolveu em um lençol de linho fino. O linho fino é mencionado em Apocalipse 19:8 como representando atos de justiça.

A lavagem do corpo nos remete à poderosa e sagrada Palavra de Deus, conforme Efésios 5:26: *"a fim de santificá-la, tendo-a purificado com o lavar da água por meio da Palavra."* A igreja só alcançará a verdadeira santidade quando for purificada pela proclamação do autêntico evangelho. A santificação deve ser uma meta para a Igreja.

Recentemente, notei que no Antigo Testamento o pecado era tratado com sangue, enquanto as imundícies eram tratadas com água (Êxodo 30:18-21; 19:10-11) e veja o que diz Hebreus 10:22: *"Aproximemo-nos com um coração sincero, em plena certeza de fé, tendo o coração purificado de má consciência e o corpo lavado com água pura"*. Hebreus menciona um grau de santificação que não é apenas tratado com o sangue de sacrifício de animais, mas também com água. O Reino só pode ser alcançado por meio do sangue do Cordeiro de Deus. Note que, quando Jesus estava na cruz, e um soldado romano fere seu corpo, não sai apenas sangue, mas também água (João 19:34)

Efésios 5:25-27 afirma que Jesus se entregou para santificar a Igreja por meio da água, não apenas para resolver o pecado, mas também para remover toda impureza. A santidade é alcançada por meio do sangue, mas a santificação ocorre por meio da aplicação da Palavra de Deus em nossas vidas. *"Vocês já estão purificados pela palavra que lhes disse"* (João 15:3).

A água é fundamental para a santificação, e a falta de contato com a Palavra dificulta esse processo. O sangue restabelece nossa relação e posição com Deus, porém é por meio da água que ocorre o aperfeiçoamento. Não sei se você já notou, mas Deus não exige de nós perfeição, e sim aperfeiçoamento. Por isso, o contato com a Palavra é fundamental.

Eis algo que o corpo da Igreja precisa nos dias de hoje: um mergulho na Palavra. Precisamos de pregadores que se levantem com temor ao ministrar o evangelho de forma fiel. Vejo que a teologia da prosperidade continua crescendo na igreja atual. Jesus não morreu para te prosperar, mas para te salvar. Declaro que esse tipo de pregação não terá espaço no grande avivamento que está por vir. Não vejo problema em alguns pregadores usarem técnicas de coaching para pregar o evangelho, mas isso nunca deve substituir a unção e a presença do Espírito Santo.

Essa geração precisa urgentemente que surjam os Josés de Arimatéia para envolver a Igreja com suas ações justas, que defendem os que não têm voz, protegem e cuidam dos órfãos, viúvas e estrangeiros, e que oferecem alimento físico e espiritual aos necessitados. Quero que você compreenda que fazemos isso não para sermos salvos, mas porque já somos salvos. Fé sem ações é morta. Da mesma forma, a fé é morta em si mesma se não tiver obras (Tiago 2:17).

Em meio à corrupção, onde se erguem altares de injustiça, creio que Abba levantará seus filhos para proclamar a justiça divina na política global, indivíduos que governarão com equidade entre as nações. Não se esqueça de que, se deseja que Jesus seja o seu Rei, você precisa ser rei também, pois Ele é o Rei dos reis e Senhor dos senhores (Apocalipse 19:16). Acredito que o grau de justiça está crescendo no Brasil e em outros países.

No entanto, sei que há uma linhagem de discípulos que clamam pelo corpo, dizendo: "Deixa que eu o lave, que o envolva em lençol de linho fino e que também o perfume."

Perfume reflete o nosso testemunho de vida. Somos o bom perfume de Cristo para Deus, tanto para os que se salvam quanto para os que se perdem (2 Coríntios 2:15). As pessoas devem nos observar e se sentir motivadas a viver como nós. A sua vida, a sua família, a sua vida de santidade e adoração inspiram outras pessoas? as pessoas querem experimentar o que você experimenta? A escassez de testemunhos inspiradores é um dos principais obstáculos ao crescimento da igreja e do Reino. Sua Vida aromatiza os lugares que você frequenta? Assim como é desagradável estar perto de pessoas ou lugares com mau cheiro, você já deve ter conversado com pessoas que têm mau hálito: é horrível e constrangedor.

Quanto à igreja, ela sofre por causa de indivíduos que mancham sua imagem com suas atitudes. São pessoas mal-educadas, que tratam mal os outros, não pagam suas dívidas, maltratam suas famílias, são maus funcionários e péssimos patrões. Na igreja onde sou pastor, houve um caso em que um funcionário abriu seu coração para mim, dizendo que não conseguiria permanecer no ambiente da igreja devido ao seu chefe grosseiro, que desdenha dos demais e se considera superior por ter dinheiro, humilhando os funcionários na frente dos outros. Que triste isso.

Quantos jovens e adolescentes não se aproximam da igreja porque aqueles que se dizem cristãos são os piores estudantes da escola? Desrespeitam professores e colegas, fazem piadas sujas e obscenas, usam palavrões e mentiras e colam nas provas. Quando as pessoas colocam em prática os ensinamentos do evangelho, elas honram seus pastores. Essas coisas me deixam bastante triste e frustrado.

Que nossas vidas exalem a fragrância de CRISTO por onde formos, atraindo as pessoas para uma vida verdadeiramente significativa.

*

Onde estão aqueles que irão investir na Igreja quando ninguém mais tem fé nela?

Haverá pessoas que vão gritar: "não bata na igreja, não maltratem a Noiva, Jesus vai ressuscitá-la...", "Jesus vai levar ela..." Para nós, pregadores e pastores desta geração, é frustrante. Você lava, joga água, e o corpo não responde, não reage. Contudo, é preciso entender que você está preparando-o para ressuscitar.

Em virtude do que fizeram José e Nicodemos, Jesus estava limpo e perfumado quando ressuscitou...

> *"Ele é o cabeça da igreja, que é o corpo; é o princípio e o primogênito dos mortos, para que tenha supremacia sobre todas as coisas"*
> (Colossenses 1:18)

CAPÍTULO 6

NÃO SEJA UMA BRASA FORA DO BRASEIRO

"Não deixemos de congregar-nos, como é costume de alguns; antes, façamos admoestações e tanto mais quanto vedes que o Dia se aproxima." **Hebreus 10:25**

Uma das coisas que me encanta no rei Davi é o seu amor pela igreja, pelo templo: *"Uma coisa peço ao Senhor, e a buscarei: que eu possa morar na Casa do Senhor todos os dias da minha vida, para contemplar a beleza do Senhor e meditar no seu templo"* (Salmos 27:4).

Ele tinha um único pedido, um desejo intenso: não de participar de um culto ou celebração, mas de morar lá. Fico sem palavras ao refletir sobre isso. Não há justificativas. Esse homem mal tinha tempo para respirar; era rei de uma nação, mas tinha um único desejo ardente: morar na Casa do Senhor. Davi não era um crente bonitinho e arrumadinho de domingo à noite; ele amava congregar, tinha prazer em adorar, em servir e em cuidar da Casa do Abba.

O autor da carta aos hebreus menciona que alguns têm o hábito de não congregar, de não ir à Casa do Pai e de não estar com sua família espiritual. Billy Graham, o maior evangelista do século, fez uma observação interessante sobre as Escrituras Sagradas: "A Bíblia é mais atual do que o jornal de amanhã". A advertência bíblica serve para aquela época e para hoje também, pois nada mais atual do que crente que 'não tem o hábito de congregar'". Eu conheço alguns poucos. E com a pandemia que acabamos de enfrentar, isso se agravou. Recentemente, pregando em uma cidade do interior do Mato Grosso, conversei com a proprietária do local onde estava hospedado. Ela admitiu que não tinha muita vontade de voltar à igreja, pois achava muito mais confortável assistir às transmissões ao vivo. Sinceramente, considero isso bastante superficial; nunca conseguiria viver o cristianismo dessa forma.

Há uma heresia que se apresenta como verdade, mas é heresia: "Eu sou a igreja!" Não, eu não sou a igreja; sou parte dela, sou integrante do corpo. E há uns caras que se enchem de orgulho e dizem: Eu sou a igreja. Quero ser sincero: isso me causa repulsa.

Ao observar o meu Amado, compreendi algo: Jesus não veio fundar uma nova religião; o cristianismo é um relacionamento. A palavra "religião" vem da palavra em latim religare, que possui essa conotação de religar. Religião é, de fato, toda tentativa humana de se reconectar com seu Criador, e sabemos que todas elas falharam. Por essa razão, considero que o cristianismo não é uma religião, mas uma revelação de Deus. É Deus vindo ao encontro da humanidade, restaurando o relacionamento com Ele e enfatizando a importância das relações entre as pessoas. Por isso, um dos pilares do cristianismo é o relacionamento. *"Assim como o ferro afia o ferro, o homem afia seu próximo"* (Provérbios 27:17).

Os relacionamentos podem ser complicados, mas são eles que nos curam, nos moldam e nos desafiam, especialmente quando se trata de amar. Não permita que as cicatrizes de relacionamentos passados criem uma barreira que o afaste de outras pessoas, pois a cura para essas feridas pode estar nas conexões que você está evitando. Neste período, Deus está formando um remanescente dotado de uma sabedoria relacional, composto por cristãos maduros que atuarão como agentes de cura em diversas vidas. São indivíduos que não se ofendem facilmente e que possuem a habilidade de lidar com todos os tipos de pessoas.

Com tudo isso em mente, gostaria de enfatizar a importância de se reunir, de não faltar aos cultos e de estarmos unidos como igreja. Deus tem uma forma única de se manifestar no coletivo. Tive muitas experiências com Ele durante meus devocionais e TSDs (Tempo a Sós com Deus), mas as mais significativas ocorreram durante as reuniões coletivas com a Igreja. Uma brasa fora do braseiro se apaga; ao retirar uma brasa da churrasqueira, ela não faz diferença e acaba se apagando. No entanto, quanto mais lenha, mais carvão, mais fogo. O apóstolo Paulo afirma em 1 Tessalonicenses 5:19 que podemos apagar o Espírito Santo em nossas vidas. Entre as várias maneiras de fazer isso, uma das principais é não congregar, deixar de frequentar os cultos e de se relacionar com as outras brasas. Quero te dizer uma coisa: o fogo pega! Sempre aconselho os incendiados da igreja da qual sou pastor a se sentarem próximos aos visitantes e àqueles que desejam reacender a chama. Não deixe que a luz da sua vida se apague por não congregar.

Tenho algo muito interessante para contar a você. No início da minha conversão, eu tinha cerca de oito meses de vida nova. Foi numa quinta-feira, dia de culto no meio da semana. Os crentes domingueiros não fazem ideia do que é isso — eles vão surtar. Naquele dia, trabalhei até tarde. Sempre fui muito intenso com Deus desde o início, e não conseguiria ir ao culto naquele dia. No entanto, decidi passar em frente à igreja por volta das 19h, sendo que o culto começava às 19h30min. Minha casa ficava do outro lado da cidade, e não consigo entender como alguém pode chegar atrasado aos cultos. Para minha surpresa, meu pastor, José Bezerra Neto, estava na porta, e eu parei para cumprimentá-lo. Ele imediatamente me perguntou se eu iria ao culto, e eu comecei a explicar que estava saindo do trabalho naquele horário e que não conseguiria chegar a tempo. Ele pediu para eu ir do jeito que eu estava, mas eu estava mal vestido e sujo, usando uma camiseta regata. Então, disse a ele: "Não, Pastorzão, veja como estou vestido!" Então, ele tomou uma atitude surpreendente que nunca esquecerei: se a roupa for o problema, eu troco com você! E eu disse, constrangido pelo amor e persistência: "Que isso, Pastor! Se o senhor realmente quer que eu venha, vou para casa tomar um banho e trocar de roupa e já volto".

Percorri a cidade e, agora limpo e transformado, retornei à igreja. Cheguei cerca de 40 minutos atrasado, mas aquele culto alterou minha vida para sempre. Foi nesse culto que Abba me concedeu propósito e sentido à vida. Naquele dia, a igreja recebia um profeta de fora, e em certo ponto do culto, ele foi tomado pelo Espírito Santo e anunciou meu chamado pastoral e missionário. Como eu não tinha muito a perder, aceitei. Eu não deixei tudo por nada; deixei tudo por tudo. Desde aquele dia memorável, todos os dias eu digo "sim" a Ele. No entanto, frequentemente me pego refletindo: e se eu não tivesse ido ao culto naquele dia?

*

Quero abordar agora o dia em que Tomé não compareceu ao culto.

Uma das consequências mais negativas da ausência de Tomé na reunião da igreja naquele dia foi a criação de uma marca negativa em sua identidade. Seu nome ficou associado ao "Ver para Crer", e sempre que mencionamos Tomé, o associamos à incredulidade, chamando-o de "Tomé, o incrédulo". É evidente que ele não era isso. Tomé atuou como apóstolo e missionário na Índia, proclamando o Evangelho de Jesus aos corações daquele povo. Muitos se converteram, e ele transformou a vida de muitas pessoas e a história daquele lugar. Ele fundou a igreja e foi lá que encontrou a morte.

A maioria dos historiadores relata que Tomé estava em oração quando foi assassinado por hindus. Ele morreu por suas crenças, não sendo um incrédulo. Sua experiência negativa por não ter estado presente naquele culto de oração não o impediu.

No entanto, desejo organizar o que Tomé deixou de ganhar por não comparecer àquele culto na igreja naquele dia atípico.

"Tomé, um dos doze, conhecido como Dídimo, não estava presente quando Jesus chegou." (João 20:24)

DEIXOU DE RECEBER A PAZ CONCEDIDA POR JESUS

Na tarde do primeiro dia da semana, com as portas da casa onde os discípulos estavam trancadas por medo dos judeus, Jesus apareceu, colocou-se no meio deles e disse: *"Paz seja convosco!"* (João 20:19).

No versículo 21, Jesus repete as mesmas palavras: *"Paz seja convosco!"* Consegue visualizar isso? A Paz única que só Ele possui, sendo transmitida ao vivo e em cores, e, lamentavelmente, Tomé não estava presente. Uma lição que aprendi ao escrever este livro, especialmente ao redigir estas palavras, é que o Noivo concede a Paz em duas ocasiões para todos os presentes, fazendo-me refletir sobre a relevância da Paz de Cristo em nossas vidas. A paz não é circunstancial; é a paz em meio à guerra, em meio às tempestades da vida. A igreja dos últimos tempos precisará dessa paz que só Yeshua pode oferecer. Ele é e sempre será o Príncipe da Paz (Isaías 9:6).

DEIXOU DE SE ALEGRAR COM OS DISCÍPULOS AO VER JESUS

Consegue imaginar a situação? Todos estão desanimados, pois suas esperanças, seus sonhos e suas expectativas de um Israel restaurado por meio do Messias prometido pelo Eterno agora estão mortos, sepultados em um túmulo novo em Jerusalém. De fato, esse era um ambiente de tristeza e frustração, e a decepção permeava o ar e os corações das pessoas.

Como pastor já tive de fazer alguns funerais. Nunca estamos preparados para morte; não temos estrutura para lidar com a morte; não fomos criados para ela. É sempre muito difícil estar nesses ambientes. Mas acredito que uma sensação que talvez seja muito parecida com isso seja as eleições de 2022. Tínhamos um presidente que amava a igreja e respeitava ela. Não sei se ele é um convertido verdadeiro, mas era uma cara tipo rei Artaxerxes, que, mesmo não sendo um israelita, mas detentor do povo judeu, amou Neemias e deu todo suporte para o regresso do povo a sua nação e reconstrução do Templo e dos murros de Jerusalém. Noventa por cento da igreja amava esse líder e estava orando e, de certa forma, apoiando sua reeleição. Ele já havia perdido no 1º turno, e seu adversário político era um cara de esquerda que quebrava diversos princípios e valores cristãos e que, com diversos jogos políticos, havia sido libertado de varias condenações por diversos crimes de corrupção, comprovadas em 1º e 2º instancia. Pairava um clima de impunidade e desrespeito com a igreja e com o povo brasileiro. Essa era a situação.

No domingo da eleição, o resultado saiu há poucos minutos do culto, e o presidente que esperávamos que ganhasse não foi reeleito. A igreja intercedeu, orou, profetizou, fez atos proféticos, mas Deus disse não. Confesso que quando subi para pregar e olhei para as pessoas, achei que não conseguiria: pessoas cabisbaixas, olhares de tristeza, sentimento de insegurança — mal conseguiam louvar e erguer suas mãos. Nunca estive em um lugar com tanta decepção; era quase palpável.

Possivelmente, o local onde os discípulos se encontravam era semelhante ou até pior. Eles estavam paralisados pelo medo e com a sensação de que tudo havia chegado ao fim. É nesse ponto que Jesus surge. E tudo se transforma: o ambiente muda e as pessoas se transformam quando Jesus se apresenta a elas. É impossível que isso não aconteça.

> *"Mostrou-lhes as mãos e o lado. De modo que os discípulos ficaram alegres ao ver o Senhor."* (João 20:20)

Todos ficaram felizes, e essa alegria deve ter se manifestado em gritos, sorrisos, abraços, lágrimas, queixos caídos, espanto, pulos. Só sei que essa alegria coletiva foi contagiante, e Tomé perdeu tudo isso por ter dado prioridade a outra coisa em vez de estar com seus irmãos nesse culto. Quantas pessoas perdem a oportunidade de se alegrar com os milagres que ocorrem nas reuniões de adoração, como as curas incríveis e a conversão de crianças, adolescentes, jovens, homens e mulheres. Elas perdem a chance de compartilhar a alegria de um pai que viu seu filho se converter em um culto no qual a presença do Espírito Santo se manifestou. Uma esposa que há anos ora para que seu marido entregue sua vida a Cristo. Com a libertação de indivíduos que estavam presos há anos por demônios, ou ao se alegrar com pessoas sendo batizadas pelo Espírito Santo. Sentir-se feliz ao ver alguém recebendo uma palavra profética que transforma o destino de uma pessoa.

Com este capítulo, incentivo você a nunca faltar a um culto, a nunca deixar de congregar e a nunca agir como Tomé.

DEIXOU DE SER COMISSIONADO

Assim como Isaias no capítulo 6 de seu livro, todos eles estão sendo enviados de forma coletiva para a missão mais relevante da Igreja e dos cristãos pelo próprio Jesus ressuscitado: *"... Da mesma forma que o Pai me enviou, eu também vos envio"* (João 20:21).

Enquanto escrevo estas palavras, sinto uma viagem missionária se aproximando para a África, especificamente para a nação de Angola. No meu espírito, sei que Deus Pai me revelará um modelo de igreja que nunca vi antes. Eles serão grandemente abençoados com o que vou compartilhar com eles, mas estou certo de que serei ainda mais abençoado do que eles. Estou com receio de voltar de lá ainda mais maluco do que sou. Apenas aqueles que já receberam uma missão do Senhor, no espírito, ou de um profeta verdadeiro — sim, ainda há profetas verdadeiros, vozes proféticas, que são poucos, mas existem. Quando isso acontece, é como uma explosão dentro de nós, um fogo que começa a consumir as entranhas. Agora, imagine isso multiplicado centenas e centenas de vezes pela própria boca do Rei da Glória. E quanto a Tomé? Ele não estava presente!

DEIXOU DE RECEBER O ESPÍRITO SANTO

> *"... e lhes disse: Recebam o Espírito Santo."* (João 20:22)

Havia um irmão na igreja onde me converti que, quando estava cheio do Espírito Santo, começava a tremer todo. Eu achava aquilo muito estranho; parecia que um relâmpago percorria seu corpo. Ele falava uma língua muito parecida com hebraico ou aramaico — algo esquisito, na verdade. Quando via aquilo, pensava: "Uau!" Desde a primeira vez que vi, desejei experimentar. Lembro-me de ter perguntado ao meu pastor Neto o que acontecia com aquele irmão e o que eu precisava fazer para viver aquilo também. Ele me explicou que aquele irmão havia sido batizado com o Espírito Santo e que eu deveria buscar essa experiência. A partir daquele dia, fiz disso meu objetivo.

Os cultos na igreja onde congregava começavam às 18h30min. Quando terminavam, e eu ainda não havia recebido o batismo com o Espírito Santo, era porque o culto terminara cedo, às 20h ou às vezes às 20h30min. Eu corria para outra igreja, pois sabia que lá o culto começava e terminava mais tarde. Foi um ano de busca. Em um dia após um culto familiar, enquanto carregava algumas cadeiras no carro do meu pastor, estava apenas eu e ele, e perguntei: o que está acontecendo? Por que eu não fui batizado com o Espírito Santo? Há algo de errado comigo? Com bastante paciência, meu pastor me orientou a persistir, pois Deus tinha um momento muito especial para que isso ocorresse. Creio que essa seja uma chave para que as pessoas sejam batizadas com o Espírito Santo e também para que recebam dons espirituais: não desistir. "Se você tiver que desistir de alguma coisa, desista de desistir." Precisamos ser perseverantes. Se sua motivação for justa, o Abba derramará bênçãos sobre sua vida.

Eu apenas desejava ser instrumento de Deus, tornar-me uma pessoa espiritual, fazer a diferença, ser eficaz na pregação e um agente de milagres. A razão pela qual muitas pessoas não são batizadas e cheias do Espírito Santo pode estar relacionada à motivação. Uma pergunta que você deve se fazer é: por que eu quero ser batizado e cheio do Espírito Santo? Por que eu desejo a unção? Sabe qual foi uma das primeiras ações do profeta Eliseu com a unção dobrada que lhe foi concedida? Ele lançou uma praga contra alguns meninos apenas porque eles o chamaram de careca. Duas ursas apareceram do nada e mataram 42 deles. Que a unção que Deus derramar sobre a sua vida traga vida, e não morte.

Muitos desejam a unção e os dons em busca de dinheiro, fama e poder. Isso representa um grande risco. Recorda-se do mágico Simão? Morador de Samaria, ao testemunhar os dons operando na vida de Filipe, ficou maravilhado; ele foi persuadido pelo Evangelho, mas não transformado. Porém, ao presenciar os apóstolos Pedro e João impondo as mãos sobre as pessoas e elas sendo batizadas com o Espírito Santo, chamou-os e ofereceu dinheiro para que pudesse impor as mãos também e o Espírito fosse derramado sobre as pessoas.

Pedrão ficou bastante irritado com a situação; aquele indivíduo almejava poder, fama e, possivelmente, muito dinheiro. Atualmente, há muitos Simãos (Atos 8:9-19) na igreja, semelhantes ao mágico de Samaria. Deus é um Deus de propósito e não age sem razão. Essa pode ser a chave que você precisa entender para ser cheio do Espírito Santo: a sua motivação. Para que você deseja isso? Para mostrar aos outros que você é espiritual, auau? Para se destacar mais do que os outros? Ou é realmente para frutificar, ser uma bênção na igreja e em qualquer lugar onde Deus te colocar?

Você sabia que o único dom que pode ser usado para benefício próprio é o dom de orar em línguas? *"Quem fala em línguas a si mesmo se edifica"* (1 Coríntios 14:4). Os outros dons servem para a edificação das pessoas e da igreja. Porém, na igreja hoje em dia, tudo parece ser o oposto. E quantos estão cobrando para profetizar, orar por cura ou realizar libertações? Acredito que há pessoas que são batizadas com o Espírito Santo e não oram em línguas, mas se manifestam em diversos outros dons do Espírito. No entanto, sou um incentivador para que as pessoas busquem o dom de orar em línguas. Precisaremos de pessoas espiritualmente fortalecidas durante esses tempos desafiadores.

Mas, agora, voltando ao tema do meu batismo com o Espírito Santo, vocês querem saber? Sim? Aconteceu no primeiro dia do seminário teológico. O reitor do seminário, pastor e mestre Afrânio Leigue, convidou os alunos a adorarem e orarem antes do início das aulas. Ele e um simples seminarista tocaram um louvor ao Rei, uma canção chamada Poderoso Deus, do pastor Antônio Cirilo.

Naquela sala, havia estudantes famintos e sedentos por Deus, quase em desespero pela presença divina, como se houvesse uma obsessão por algo mais de Deus, algo que talvez faltasse a eles. O clima tornou-se pesado, e a sensação era de que poderíamos tocar a presença com as mãos. Havia uma tensão em todos, muito choro, e isso só aumentava, até que muitos acabaram explodindo emocionalmente. É como vulcão quando entra em erupção: não dava para segurar. Alguns dias antes, em um culto, eu senti a mesma coisa, mas segurei e não deixei fluir para fora. Eu fiquei com medo por causa da formalidade daquele momento. Fiquei muito mal depois.

Mas ali no seminário era diferente: todos queriam, todos desejavam. Queríamos mais do que só conhecimento teológico; estávamos ansiando por aquilo. Um dos seminaristas, um dos únicos que ficou de pé, começou a correr que nem um maluco na sala, e saiu para fora correndo e gritando. Voltou a uns 40 min depois. Sempre tive curiosidade de saber o que aconteceu lá fora depois que ele saiu daquela forma. Havia uma paz curadora: o choro daquele alunos de teologia vinha da alma, o chão ficou encharcado de lagrimas; meu choro era quase que incontrolável. Nunca havia chorado tanto. A única vontade que tinha era de não sair daquele ambiente. As palavras espirituais vinham à mente, mas era como se viessem do meio do meu corpo. Depois eu entendi que é assim mesmo, pois o Espirirto Santo esta dentro de nós, vem de dentro. Sua voz, em sua maior parte, vem de dentro. O incrível é que elas vinham e eu falava. Foi exatamente como Jesus falou: flui como um rio.

Fiquei impressionado com o falar em línguas, mas o que mais me tocou foi a paz, combinada com alegria e um choro que cura. Era uma sensação de estar em Deus como nunca antes, sentindo sua presença tão real e quase palpável, e, acima de tudo, seu amor. Era como se Abba me pegasse no colo. Minha vida mudou depois daquele dia. Tudo mudou: minha maneira de adorar se intensificou, minhas orações se tornaram mais profundas, e minha leitura e meditação da Palavra adquiriram uma clareza surpreendente, como se as letras saltassem para dentro de mim. Mistérios que antes estavam ocultos na Palavra começaram a ser revelados, e todos na igreja notaram que eu estava diferente.

Apenas digo isto: Deus tem mais, Deus tem mais para você, Deus tem mais para mim. Ele é eterno, há mais Dele para todos nós. Eu sou basicamente um caçador obsessivo por mais de Deus.

Retornando ao culto do qual Tomé não compareceu, o Deus Filho estava presente e foi Ele quem concedeu o Espírito Santo àqueles que estavam ali. Sei que minha experiência com meus amigos seminaristas não se compara àquela das pessoas que estavam presentes naquele momento. É difícil até mesmo imaginar como deve ter sido; é simplesmente indescritível. E Tomé? Não estava presente!

*

Se você remove um membro do corpo, ele certamente morrerá; a igreja é um organismo vivo e não pode sobreviver sem envolvimento. Se o sangue não estiver circulando, não caia na ilusão de pensar que você é igreja sozinho; você é parte dela. Um dedo fora da mão, em pouco tempo começa a se decompor, apodrecer e exalar mau cheiro. Você foi chamado para exalar o bom perfume de Cristo, e não de morte. Quando isso acontece, começa a atrair moscas e outros insetos. Você sabe que na Bíblia isso simboliza espíritos demoníacos?

Mais uma vez, imploro que você não deixe de congregar e participe de todos os cultos que puder. Há pessoas que têm a audácia de faltar ao culto mais especial do mês, o culto de Ceia. Como dizia um querido irmão chamado Custódio, um homem negro de voz rouca e profunda, cuja simpatia nunca esquecerei: "um culto profético como esse nunca deveria ser desconsiderado". O salmo 133 afirma que Deus ordena bênção e vida onde há unidade. Quero fazer uma pergunta séria: o que Deus ordena onde não há unidade e comunhão? Reflita! Não será que se trata de maldição e morte? Quanta coisa deixamos de ganhar por negligenciar nossa presença nos cultos de adoração na casa de Abba. Não siga o exemplo de alguns. Não seja como Tomé.

CAPÍTULO 7

LEALDADE: UM CHAMADO À IGREJA

"Quem não é comigo é contra mim; e quem comigo não ajunta, espalha." **Mateus 12:30**

Temos aprendido que a lealdade é essencial para o crescimento da Igreja, e que a Igreja deve ser leal primeiramente a Cristo e, em seguida, uns aos outros. A lealdade deve ser uma cultura dentro da Igreja, pois é ela quem a protege. Além disso, a lealdade é um cumprimento das leis de fidelidade e honra. Um homem de bem deve ser fiel a outras pessoas, às instituições, À empresa em que trabalha, ao seu país e, acima de tudo, a Cristo e à sua Igreja.

A lealdade é uma virtude que se cultiva de forma consciente e que envolve honrar um compromisso mesmo diante de condições desfavoráveis. Trata-se de um dever que se tem em relação ao próximo. A traição, que implica a quebra de um compromisso, é o oposto da lealdade. Por exemplo: um homem deve ser leal à sua companheira. Não mentir é um aspecto da lealdade. E, se ele enganar sua esposa, ele comete adultério. Os funcionários, por sua vez, devem demonstrar fidelidade à sua empresa. Isso é particularmente relevante para os altos executivos que lidam com informações sensíveis relacionadas aos negócios. Um funcionário desleal pode compartilhar informações confidenciais que podem prejudicar a empresa.

Por outro lado, menciona-se a lealdade como um exemplo de gratidão, companheirismo e amor. Alguns animais têm a capacidade de demonstrá-la ao ser humano. Após um assalto em Cuiabá no dia 3 de setembro de 2013, criminosos colocaram uma criança em um tambor de 100 litros com água para silenciar os gritos. A cadelinha vira-lata Kesha salvou a vida de um bebê de apenas um ano. Kesha foi quem indicou à mãe aflita o local onde a criança estava, latindo incessantemente até que o bebê fosse localizado. Lealdade vai além de um gesto heroico; é um ato de amor, o amor em ação, o amor na ausência, o amor que honra.

A TRAJETÓRIA DE CASSIE BERNALL E RACHEL STOTT

No dia 20 de abril de 1999, Cassie Bernall e Rachel Stott, duas meninas de 17 anos, participavam do movimento cristão conhecido como "Jesus Freaks" (loucos por Jesus). Estavam na escola Columbine, na segunda aula, quando ouviram tiros no corredor. Dois alunos de outra sala estavam matando todos, e esses meninos queriam testar a fé daqueles que se diziam loucos por Jesus. Primeiro, eles pegaram Cassie Bernall, colocaram a arma em sua cabeça e perguntaram: "Você crê em Jesus?" E ela respondeu: "Sim, eu creio! Sim, eu acredito". "E qual é o motivo?" Fizeram-lhe perguntas. Mas, antes que ela pudesse responder, eles disparam contra ela, possivelmente temendo o que ela diria.

Em seguida, correram e capturaram sua amiga Rachel, apontaram a arma para sua cabeça e perguntaram: Você acredita em Jesus? E ela respondeu: "Com certeza, Ele é tudo para mim!" Então eles perguntaram o porquê e puxaram o gatilho. A lealdade é testada em momentos de pressão. Veja o que estava registrado no diário da Cassie:

> *"Engraçado, quando eu era uma aluna comum, normal, fria, todo mundo era meu amigo, me contavam piadas pornográficas, me levavam para festas, me adicionavam nas redes sociais, mas desde que eu me tornei uma louca por Jesus, todo mundo na escola me isolou. Eu não tenho mais amigos, ninguém me convida para nada. Até os trabalhos em grupo eu tenho de fazer sozinha. Mas o que isso significa para mim? Se eu tiver que abrir mão dos amigos da terra para conquistar o Amigo do céu, terá valido a pena."*

A lealdade custará a você relacionamentos e amizades. Na vida, tudo tem um custo. A lealdade também tem um custo, e geralmente é elevado. Ser leal a uma pessoa implica que você não pode ser leal a todos.

A lealdade, inevitavelmente, custará a você relacionamentos e amizades. Como é possível afirmar lealdade a Cristo e ser amigo de uma pessoa rebelde? A lealdade dele a Cristo o levará a enfrentar o rebelde, e, quando isso ocorrer, a amizade certa e inevitavelmente chegará ao fim.

Não é possível ser fiel ao mundo e a Cristo simultaneamente. Ser leal envolve tomar decisões. Ao escolhermos Cristo, estamos rejeitando o mundo. Nunca negligencie suas relações. Não há vínculo neutro. Cada amizade terá algum impacto em sua vida. Aqueles que não o elevam, com certeza, o rebaixam. Jesus afirmou que nossa fidelidade a Ele pode comprometer nossos laços familiares. *"Se alguém vier a mim, e não aborrecer a seu pai, e mãe, e mulher, e filhos, e irmãos, e irmãs, e ainda também a sua própria vida, não pode ser meu discípulo"* (Lucas 14:26).

Na maioria das vezes, ser amigo de alguém significa ser inimigo de outra pessoa. Não é simples identificar a deslealdade. É necessário prestar atenção aos sinais. E as amizades e conexões com indivíduos rebeldes e desleais representam um exemplo.

Sua lealdade é demonstrada pelos amigos que você cultiva. Se você for apenas fiel a Cristo, à igreja e ao seu pastor, algumas amizades simplesmente se desfarão. A fidelidade de Jônatas a Davi lhe custou a relação com seu próprio pai (1 Samuel 20:32-33). Ser leal tem um alto preço. Jônatas quase perdeu a vida devido à sua fidelidade a Davi.

Uma pessoa leal é sincera e não oculta seus sentimentos nem informações. É tudo que a igreja e o pastor necessitam para evitar o perigo de ver a igreja ruir devido à deslealdade e à rebeldia. Uma pessoa leal é sincera com o pastor ou líder sobre tudo o que está acontecendo. É desleal não avisar alguém que pode evitar uma tragédia, caso se tenha esse conhecimento.

Paulo só conseguiu corrigir os coríntios porque os irmãos o avisaram sobre o que estava ocorrendo lá (1 Coríntios 1:11; 5:1). Ele foi alertado por membros da igreja, o que lhe permitiu corrigir o erro. É importante que todos entendam que conversar com a liderança adequada não é fofoca; no entanto, quando nos dirigimos a pessoas inadequadas, isso se torna calúnia e fofoca. Uma estrutura sólida e saudável opera por meio de pessoas fiéis e leais que comunicam à liderança sobre questões que estão fora de ordem. Mordacai é um exemplo de pessoa que não escondeu informação, e Deus o recompensou por isso. (Êxodo 2:21-23). Quando você retém informação, dá a entender que está de acordo com o que está acontecendo. Isso é o que denominamos cumplicidade. Quando isso ocorre, a confiança é perdida, e reconquistá-la é um processo muito difícil.

A LEALDADE É BASEADA EM PRINCÍPIOS, NÃO EM EMOÇÕES

A maior parte das pessoas age movida por emoções, e não por princípios. No entanto, uma escolha fundamentada em emoções é inconsistente. Se você optar por fazer parte de um ministério ou igreja, essa escolha deve ser fundamentada em princípios, e não em emoções. As pessoas se tornam desleais quando são muito próximas do rebelde e sentem pena de abandoná-lo. Isso não é lealdade, mas apenas uma tolice emocional.

Nossa fidelidade e dedicação devem ser fundamentadas em princípios, e não em sentimentos. A fidelidade a Deus é rompida quando a Palavra e seus fundamentos são desconsiderados e abandonados. A verdadeira lealdade é para com Deus e Sua Palavra. Algumas pessoas apenas acompanham a família. Se o problema envolver seu irmão ou sua irmã, essas pessoas nem se importam se está certo. Elas acreditam que ser leal é concordar mesmo quando o familiar está equivocado. Jonatas não se comportou dessa maneira (1 Samuel 20:13). Não fundamente sua fidelidade em sentimentos, mas nos princípios eternos da Palavra de Deus. E não se esqueça de que toda fidelidade a homens deve estar subordinada à fidelidade a Cristo; é simples assim.

Só podemos ser fiéis àqueles que são fiéis a Cristo. Entretanto, se formos desleais a uma liderança que é fiel a Cristo, estaremos sendo desleais ao próprio Cristo. Então, você me questiona: "pastor, como posso discernir se alguém é leal a mim ou se estou sendo leal a Cristo e à igreja?". Há indícios de deslealdade, e quero abordar isso porque acredito que será útil para os líderes, pastores e até para você mesmo perceber se está pisando nesse pântano e correndo o risco de não conseguir sair:

1. Alguém que nos deixa em momentos de crise ou sob pressão;
2. Indivíduo que nos desilude quando está sob pressão;
3. Indivíduos que apresentam fragilidades na esfera financeira;
4. Aqueles que são mundanos (Crentes Raimundos!)
5. Indivíduos que condenam a igreja e seus dirigentes;
6. Qualquer indivíduo externo que esteja atacando o anjo da Igreja;
7. Indivíduos feridos que jamais superam suas mágoas;
8. Indivíduos que não estão abertos a receber treinamento; que não aceitam os cursos e seminários oferecidos pela igreja;
9. Indivíduos que se aborrecem e respondem sempre que você os corrige;
10. Alguém que insiste em obter um cargo e ser valorizado;
11. Um indivíduo que é um elemento desconhecido, que não é claro;
12. Uma pessoa que aceita alguém desleal.

Isso me preocupa bastante. Todo pecado contra a santidade de Deus pode ser perdoado: adultério, prostituição, vícios, alcoolismo, mentira. No entanto, não há perdão quando o pecado é contra a autoridade de Deus. Você nunca encontrará isso na Bíblia. Não existe. Se existir, poderia me mostrar? A pessoa chega à igreja em péssimas condições, bêbada, viciada, envolvida com várias mulheres, mentirosa, cheia de problemas, devendo a todo mundo; Deus perdoa e muda sua história, mas não perdoa quem é rebelde. O rebelde peca contra a autoridade ao questionar: por que Deus perdoou Davi, que cometeu adultério e homicídio, mas não perdoou Saul, que desobedeceu a Samuel? E nem mesmo profetas e sacerdotes estão isentos disso: Aitofel é um exemplo.

"E mandou Davi indagar quem era aquela mulher; e disseram: Porventura não é esta Bate-Seba, filha de Eliã, mulher de Urias, o heteu?" (2 Samuel 11:3). Eliã era filho de Aitofel. Confere comigo: *"Elifelete, filho de Aasbai, filho de um maacatita; Eliã, filho de Aitofel, gilonita"* (2 Samuel 23:34). A voz desse sacerdote tinha um peso gigantesco para Davi: *"O conselho que Aitofel dava, naqueles dias, era como resposta de Deus a uma consulta; tal era o conselho de Aitofel, tanto para Davi como para Absalão"* (2 Samuel 16:23).

Acredita-se que o relacionamento de Davi com sua neta Bate-Seba, deixou Aitofel magoado e o levou a se rebelar contra um ungido de Deus. Devemos ter cautela mesmo quando nosso líder está cometendo um erro; não devemos nos opor a ele, pois isso pode ser muito arriscado. Davi agiu de maneira adequada em relação a Saul, mesmo já tendo sido ungido como rei e tendo consciência de que Saul fora rejeitado por Deus e agora o perseguia.

Aitofel, no golpe de estado de Absalão, filho de Davi, ficou ao lado do filho rebelde e se uniu à rebelião declarada. Podemos ver claramente Deus afastando-se de Aitofel, a ponto de ele mesmo perceber isso. Quando seu conselho não é seguido, ele se autodestrói.

"Vendo, pois, Aitofel que se não tinha seguido o seu conselho, albardou o jumento, e levantou-se, e foi para sua casa e para a sua cidade,

> *e deu ordem à sua casa, e se enforcou e morreu, e foi sepultado na sepultura de seu pai."* (2Samuel 17:23)

Deus é quem lida com a autoridade; em toda a Bíblia, Deus perdoa o pecador, mas condena o rebelde (Números 12). Arão e Miriã falam mal de Moisés, e Deus convoca os três para a tenda do encontro. Enquanto estão lá, o Senhor chama Arão e Miriã. Deus se comunica com eles, a nuvem se dissipa, e Miriã fica completamente leprosa. Arão corre até Moisés, e ele precisa intervir. Ele foi obrigado a confessar. O líder não é quem cuida do rebelde; é Deus. O que o líder pode fazer é disciplinar para proteger a igreja, mas o tratamento é dado por Deus.

Um dos problemas de um indivíduo rebelde na igreja é que ele atrasa o que Deus deseja realizar na congregação. Com três milhões de pessoas no deserto e Deus querendo mover a nuvem, todos desejando avançar e alcançar o que Deus tinha preparado para eles, alguém pergunta: Por que não estamos caminhando? Outro diz: Não dá. Por qual motivo? Miriã está com lepra! Que Miriã é essa? A irmã de Moisés! Ela foi criticar Moisés achando que, por ser a mais velha, tinha esse direito, e agora está com lepra. Porém, ela não era profetiza? Era uma vez, mas não é mais! Deus retira a profecia de seus lábios, pois ela falou mal de Moisés.

Toda a nação comentava sobre o ocorrido. Sete dias depois, Miriã entrou no arraial. Em uma pesquisa, foi afirmado que Israel levou 40 anos e 7 dias para chegar à terra de Canaã: 40 anos devido à rebelião dos espias e 7 dias por causa da rebelião de Miriã. Ela fez com que três milhões de pessoas atrasassem sua chegada à terra prometida. Qualquer um que se rebela contra a autoridade de Deus está contribuindo para a desevangelização, pois a igreja fica impedida de resolver problemas e de progredir. Não seja você a razão pela qual a igreja fica estagnada. O progresso em 2024 teve de ser interrompido devido a desleais e rebeldes, causando muito desgaste, dor e dificuldade. Atenção!

Ser fiel a Cristo é suportar humilhações por amor a Ele. É amar a igreja d'Ele. A fidelidade é fundamental: no matrimônio, no trabalho, na carreira, na família, na igreja e com a liderança. O cristão deve decidir manter-se fiel a Cristo. A trajetória da Crucificação não permite dúvidas: ou estamos a favor ou contra. Não se pode negar que o discípulo possa vacilar. Isso, porém, é um sinal de fraqueza, como ocorreu com os seguidores de Jesus, que não se mantiveram ao seu lado quando ele precisava de suporte no momento da crucificação. Pedro chegou até a afirmar que não o conhecia. Discipulado exige fidelidade. Jesus afirmou: *"Se alguém quiser seguir-me, negue-se a si mesmo, tome a cruz e siga-me"* (Mateus 16.24). Não é preciso ser um herói que nunca falha, mas é preciso permanecer com Jesus e com a Igreja.

"Sê fiel até à morte, e dar-te-ei a coroa da vida." (Apocalipse 2:10)

CAPÍTULO 8
IMPEDIMENTOS DO CRESCIMENTO DA IGREJA

"De sorte que foram batizados os que de bom grado receberam a sua palavra; e naquele dia agregaram-se quase três mil almas. E perseveravam na doutrina dos apóstolos, e na comunhão, e no partir do pão, e nas orações. E em toda a alma havia temor, e muitas maravilhas e sinais se faziam pelos apóstolos. E todos os que criam estavam juntos, e tinham tudo em comum. E vendiam suas propriedades e bens, e repartiam com todos, segundo cada um havia de mister. E, perseverando unânimes todos os dias no templo, e partindo o pão em casa, comiam juntos com alegria e singeleza de coração, Louvando a Deus, e caindo na graça de todo o povo. E todos os dias acrescentava o Senhor à igreja aqueles que se haviam de salvar." **Atos 2:41-47**

Quando nos referimos à Igreja, estamos tratando de algo muito sério. A Bíblia afirma que Jesus Cristo adquiriu a Igreja com seu sangue (Atos 20:28). Também afirma que a Igreja é a noiva de Cristo (Apocalipse 21:9). Portanto, obstruir a obra de Deus é lutar contra o próprio Cristo, o que é algo terrível e inaceitável na vida de um verdadeiro cristão. É fundamental refletir sobre as palavras de Jesus e corrigir nossas falhas, pois a Palavra de Cristo é severa: *"Quem não é por mim é contra mim; e quem comigo não ajunta espalha."* (Mateus 12:30).

Todo cristão fiel a Deus deseja ver sua igreja prosperar. A igreja é um organismo vivo que cresce de forma natural. Quando Moisés nasceu, ele precisou ser escondido para não ser morto. Mas, mesmo assim, cresceu. Todo plano de Deus cresce, mesmo quando está oculto, mas chega um momento em que precisa ser revelado; precisa ser exposto.

No entanto, o crescimento necessário e urgente deve ser considerado tanto do ponto de vista qualitativo quanto quantitativo, nessa ordem exata. Isso significa que a quantidade não é um indicativo de qualidade, mas pode e deve ser o resultado natural da qualidade. Uma igreja pode estar repleta de indivíduos sem propósito. A qualidade é o que produz a quantidade. A igreja primitiva descrita no livro Atos, escrito por Lucas, evangelista, médico e historiador, apresentava qualidade. Ou seja, crescia espiritualmente, o que resultava em crescimento numérico.

O pastor Dag Heward-Mills é autor de diversas obras, entre elas o best-seller Lealdade e Deslealdade. Ele é o criador de uma denominação que possui mais de mil igrejas, conhecida como Igreja Internacional Capela do Farol. Ele é pastor de uma das maiores igrejas de Gana, na África. Em seu livro *Mega Igreja*, ele apresenta 25 razões para desejar ser uma grande igreja. Entre essas razões, há um maior número de pessoas orando por um propósito comum. Ele enfatiza que uma igreja grande resulta em mais almas salvas para o Reino, mais ministros capacitados para a obra de Deus, mais recursos financeiros e um maior poder de impacto — além de uma influência social, política e espiritual mais significativa. O Pai deseja que sua casa esteja cheia de filhos: *"E disse o senhor ao servo: Sai pelos caminhos e valados, e força-os a entrar, para que a minha casa se encha"* (Lucas 14:23). Mas a pergunta é: por que a igreja não cresce? O que está impedindo-a de crescer?

1. AUSÊNCIA DE AMOR

O que levava as pessoas a se aproximarem de Jesus era o amor que emanava dele; elas não eram rejeitadas, discriminadas ou julgadas. Pelo contrário, eram recebidas, curadas e respeitadas. Em relação àquelas que não podiam se aproximar d'Ele, Ele ia até elas: cruzava rios e lagos, percorria centenas de quilômetros por uma única pessoa que amava. Às vezes, caminhamos quilômetros para ir ao templo, mas não temos coragem de atravessar a rua para falar de Jesus ao nosso vizinho.

2. FALTA DE TESTEMUNHOS

Como igreja, nossa visão é nos tornarmos uma IGREJA INSPIRADORA. As pessoas devem olhar para nós e se sentir inspiradas a viver como nós. Nossa vida e nossa família, nossa santidade e vida adoração, devem inspirar os outros. As pessoas querem viver o que você vive? O que significa ser uma Igreja que inspira?

- Que motive as pessoas a se apaixonarem por Cristo e a buscarem a presença de Deus acima de tudo;
- Que motive as pessoas a viver de forma mais plena;
- Inspire a prática dos dons espirituais e a conformidade com a Palavra;
- Inspire sabedoria e veneração a Deus;
- Uma Igreja que motive a arte e a cultura; que transmita confiança, justiça, integridade e ética nas esferas social e política;

- Inspirada e inspirando os demais; motivados pelo amor, alegria, paz e força de Jesus Cristo em suas vidas;
- Que atende de forma positiva às aspirações dos homens em relação ao seu Rei e Senhor Jesus Cristo;
- Que incentive a todos a desempenhar seu papel no Reino de Deus, servindo ao próximo como despenseiros do Senhor;

Há uma péssima cultura de fofoca no lugar onde vivo. Tenho batalhado contra isso, mas não tenho obtido muito sucesso. O problema surge quando a cultura do mundo penetra na igreja, impedindo que as pessoas experimentem a cultura do Reino. São duas coisas contra as quais eu luto sem piedade: a fofoca e a religiosidade. Recebo muitas críticas por isso. É feio uma mulher fofocar, mas um homem que fofoca é horrível — e, aqui, até os homens são fofoqueiros. A fofoca é um veneno que se infiltra pelos ouvidos. Você pode considerá-la inofensiva, mas é um mal que a Bíblia condena. E se você realmente quer falar sobre alguém, fale sobre Jesus Cristo.

> *"Há seis coisas que o Senhor odeia, sete coisas que ele detesta: olhos altivos, língua mentirosa, mãos que derramam sangue inocente, coração que traça planos perversos, pés que se apressam para fazer o mal, a testemunha falsa que espalha mentiras e aquele que provoca discórdia entre irmãos"* (Provérbios 6:16-19).

Sou constantemente alvo de fofocas e calúnias, o que é muito doloroso. Na maioria das vezes, Deus me orienta a permanecer em silêncio e não dizer nada. Certa vez, ganhei uma jovem para Jesus, filha de ministros de uma igreja. Imagine a confusão que isso causou na cidade inteira! Em uma de suas reuniões, o líder falou sobre mim do púlpito. Não chegou a falar mal, mas suas palavras levantaram dúvidas sobre meu caráter. Fiquei tão bravo e irritado que fiquei até com medo de mim mesmo. Fui a essa igreja e a moça que estava secretariando ficou bastante assustada ao me ver lá, percebendo também que eu estava muito irritado.

O líder residia na cidade vizinha e, nos dias em que estava em Boa Esperança, costumava ir às terças-feiras. Lembro-me bem disso. Às 9h, quando cheguei em frente à igreja, ele estava chegando com o tratorzinho (uno branco). O Espírito Santo me falou, e não estava nada carinhoso naquele momento. Ele disse: "Se você colocar sua mão, Eu tiro a Minha!" Com aquela voz autoritária, fiquei assustado e parei. Permaneci ali, paralisado, por um tempo, até que finalmente liguei o carro e fui embora. Tive a sensação de que Deus me justificaria em relação àqueles comentários. Porém, o Lashon hara (ערה וושל) é o que mais prejudica a igreja. É um termo hebraico que significa "língua má", e que se refere a falar mal de alguém, mesmo que a informação seja verdadeira. *"A morte e a vida estão no poder da língua"* (Provérbios 18:21). De fato, a língua de uma pessoa é mais poderosa do que a espada. Uma espada pode matar quem está próximo, mas a língua pode matar quem está distante.

Lashon hara é capaz de matar três indivíduos: o falante, o receptor e a pessoa mencionada. Ao falar de alguém, você revela o caráter dessa pessoa e o seu próprio. É uma forma de assassinato, pois você mata essa pessoa no coração de outra. Sobre aquele que fala lashon hara, Deus afirma: *"Não posso habitar com ele"*, conforme registrado em

Salmos 101:60. Não tolero aquele que calunia o seu próximo. Aquele que fala lashon hara é comparado a quem nega a Deus, conforme está escrito em Salmos 12:5: *"Eles disseram: 'Por causa das nossas línguas prevaleceremos [...] quem é o mestre sobre nós?'"*

Assim como esse pecado paralisou Israel por diversas ocasiões, ele também tem afetado a igreja atualmente. O pior é quando os próprios integrantes da igreja criticam a instituição, sem perceber que estão se referindo a si mesmos. Esse pecado tem sido um dos maiores obstáculos ao crescimento da Igreja. Tenha em mente que a única que pode impedir o crescimento da Igreja é a própria Igreja.

3. FALTA DE PRESENÇA

Em Êxodo 3:1-5, Moisés é atraído pela sarça que arde em fogo. É interessante notar que, no deserto, é bastante comum as sarças pegarem fogo devido ao calor intenso. No entanto, à noite, esse fogo costuma se apagar por causa da queda de temperatura. Porém, o que chamou a atenção de Moisés não foi o fato da sarça estar em chamas, mas o fato de não se apagar.

O que atrairá profetas e libertadores não são as chamas efêmeras que vivenciamos hoje, focos de fogo que duram apenas algumas horas ou, às vezes, semanas. O que atrairá pessoas para uma vida apaixonante com Deus é a persistência, é não se apagar; é brilhar na escuridão — é nas trevas que devemos arder.

Você deve ser uma sarça ardente, não uma árvore de Natal. Você deve atrair profetas e libertadores, e não crianças em busca de presentes. Não devemos agir como uma árvore de Natal, repleta de presentes e com luzes piscando para atrair olhares. Como cristãos, nossa missão não é buscar destaque, mas refletir a glória de Deus em meio às trevas. É onde há trevas que devemos ir; e onde há pessoas apagadas que aqueles que estão ardendo devem ir. O fogo ao qual me refiro é o Espírito Santo.

CAPÍTULO 9
FIEL ATÉ A MORTE

"Seja fiel até a morte, e eu lhe darei a coroa da vida." **Apocalipse 2:10**

Escrito em parceria com minha esposa, Rosangela Petry Perboni:

Sinto-me bastante honrada pelo convite do meu marido para participar deste projeto e escrever um pouco sobre a Igreja que preciso ser. Fernando é, de fato, um homem de grande fé, fundamentado e alicerçado em Cristo Jesus. Sua lealdade a Deus é admirável.

Neste texto de Apocalipse 2:10, Jesus nos fala sobre uma fidelidade até a morte. Ao olharmos para a Igreja, percebemos uma linda estrutura altamente organizada, com projetos sociais de grande alcance. É uma instituição cuja missão é conduzir as pessoas a Deus e extrair delas o melhor que, na verdade, está dentro delas. Isso acontece quando elas realmente entregam suas vidas a Jesus, ou seja, ao Espírito Santo de Deus, que ensina princípios de honra, amor e lealdade. A missão da Igreja, em sintonia com Cristo, é extraordinária.

De fato, a Igreja alicerçada em Cristo tem o propósito de mudar a vida das pessoas, promovendo uma sociedade mais afetuosa e humana.

A Igreja de Restauração de Vidas realiza um trabalho poderoso, e é evidente que o Espírito Santo é quem opera essa transformação em nós. No entanto, a Igreja é o instrumento que Jesus deixou na Terra para que o Seu Reino, que é real e está dentro de nós, possa se expandir pelas nações.

Ao falar de restauração, posso afirmar que vivi essa experiência internamente. Satanás tem como principal alvo as famílias. Deus nos criou com uma grande necessidade de receber amor, e, infelizmente, observamos muitos pais e mães que, emocional ou espiritualmente, estão doentes e acabam prejudicando a vida de seus filhos, que, por sua vez, também prejudicam a vida de seus pais.

Minha irmã e eu vivemos abusos emocionais durante grande parte de nossas vidas. Para uma criança, é muito difícil compreender o que está acontecendo em um lar que deveria ser um ambiente de amor e carinho. As crianças são puras e inocentes; elas apenas precisam de amor. O plano de Deus é que esse amor seja refletido por meio da vida dos pais. Queridos, respeito as Escrituras, que nos ensinam a honrar pai e mãe. Estou apenas compartilhando um pouco da minha história para mostrar como Jesus e a Igreja são essenciais neste mundo.

Houve muitos abusos verbais tanto por parte do pai quanto da mãe, além de muitas privações. Eu era uma boa menina, realmente estudiosa e dedicada. No entanto, nada era bom o bastante, e assim foi minha infância e juventude. Aos 19 anos, a pressão era tão intensa que eu pensava em suicídio. Imagine uma menina de 19 anos, com tanto futuro e vida pela frente; mas essa foi a minha realidade. As palavras eram extremamente desdenhosas: "ninguém nunca vai te querer", "eu ainda vou te ver morta no caixão" e tantas outras coisas tão pesadas que prefiro nem mencionar. Uma vez, peguei um iogurte no supermercado e ouvi do meu pai: "vocês vão me levar à falência". Mamon era o deus dele. Cuidado com Mamon, pois ele arruína famílias. Apenas um breve resumo.

Portanto, optei por me mudar do interior do Paraná para o interior do Mato Grosso. Vim com uma amiga, mas já carregava as consequências dos abusos. Com 21 anos, eu era uma mulher extremamente tímida, bloqueada e, acima de tudo, muito depressiva.

Sentia uma depressão profunda, uma carência insaciável, uma sensação de vazio interior. Havia uma dor intensa e uma pergunta que não conseguia ignorar: Por que meus pais me trataram tão mal? Eu sentia um medo enorme só de imaginar ter de retornar àquele lugar.

No entanto, foi a melhor decisão da minha vida, pois foi aqui no Mato Grosso que tive meus primeiros contatos com o evangelho, com Jesus e com o amor verdadeiro. Eu recebi o maior e melhor amor que já existiu. Também compreendi que eu não era um lixo, mas uma filha preciosa amada pelo Pai. É maravilhoso acolher esse primeiro amor e entender que você tem um propósito, que é amada — sim, você é especial! Ele morreu por você. E assim começa um projeto de cura e restauração. Eu estava tão faminta, tão sedenta, lá na IBN Sorriso, em todos os cultos, chorando muito com os louvores tão cheios de amor! Sou grato à Igreja que me recebeu com tanto carinho.

Ao longo dessa trajetória, tive dois avós paternos, Walfredo e Irma Maria, a quem amei e recebi amor. Eles foram um exemplo de amor, e sou grato por isso, pois eram pessoas comuns que amavam a Deus. Meu avô, com seus lindos olhos azuis, expressava tanto amor que meu sonho era me casar com um homem de olhos azuis. Deus sabia que isso era significativo para mim — e dentro da Igreja, veja a importância dela! E lá estava ele, na porta da Igreja: "ai meu Jesus, que loiro lindo, meu Deus, que olhos azuis maravilhosos!" Deus é perfeito! Dois anos depois, estávamos nos casando. Em seguida, fomos para o ministério.

Não estou aqui para expor as fraquezas das pessoas dentro da instituição Igreja. Meu objetivo é que você entenda que a Igreja, o corpo de Cristo na terra, é um projeto maravilhoso de Jesus, mas é composta por pessoas. Dentro da Igreja, há filhos de Deus amados por Ele e filhos de Belial. Hoje, vemos muitos desigrejados, e isso acontece por dois motivos: ou porque não se permitem ser curados e tratados, ou porque se deparam com os filhos de Belial, pessoas com corações cheios de maldade dentro das Igrejas. Sim, isso é real.

A Igreja é o corpo de Cristo, a Igreja pura e verdadeira, maravilhosa em minha vida. A Igreja que proclama Jesus, que ensina a verdade e o amor, foi o melhor lugar onde Deus poderia me colocar, um lugar de cura e amor. Foi onde compreendi a paternidade divina. Ele me ama, me criou e tem um propósito profético para minha vida.

No começo do ministério, eu amava e continuo amando os pastores que me instruíram na Palavra de Deus: Pr. José Neto e Pra. Josi. Eu os admiro e respeito. Tive a doce ilusão de que, ao pastorear as pessoas, elas me amariam, respeitariam e admirariam. De fato, tive e ainda tenho o privilégio de contar com pessoas assim, para a glória de Deus. Começamos o pastoreio em 2011, e em 2014, minha família e eu enfrentamos uma rejeição terrível. Eu realmente não estava preparada para tudo aquilo.

Houve um momento em que meus filhos e meu marido foram vaiados pela igreja, e eles voltaram para casa muito tristes. Em 2014, meu marido trabalhava sob o sol quente, construindo, e as pessoas que se diziam Igreja nos rejeitavam.

Queridos, é difícil lidar com a rejeição. Eu não sabia como lidar com aquilo. Pensava: "Estamos dando tudo de nós e sendo maltratados", e o pior: nossos filhos vivendo naquela realidade tão dura. Em um dia de leitura da Bíblia, vi que o Apóstolo Paulo enfrentou muita rejeição dos filhos de Belial dentro da Igreja. Isso foi como um bálsamo. Uau, o apóstolo Paulo também foi rejeitado! Assim, fui adquirindo maturidade. Juntamente com essa maturidade para lidar com a rejeição, veio o texto de Isaías 53, que fala sobre a rejeição que Jesus sofreu.

"Foi desprezado e rejeitado pelos homens, um homem de tristeza e familiarizado com o sofrimento. Como alguém de quem os homens escondem o rosto, foi desprezado, e nós não o tínhamos em estima" (Isaías 53:3)

Menciono este testemunho porque muitas pessoas desistem após enfrentar momentos de rejeição, e o texto de Apocalipse 2:10 diz: "Sê fiel até à morte".

Em 2023, passamos por outro período de grande rejeição. Após tantas dificuldades, tivemos a oportunidade de sentar com nosso querido Pastor Caio e abrir nossos corações. Esse dia foi muito significativo. Ele me fez perceber que os filhos de Belial são pessoas, não uma única entidade extremamente maldosa. Eles espalham seu veneno e semeiam a rejeição no coração das pessoas: o conhecido joio no meio do trigo, a plantação de Satanás infiltrada na plantação de Deus. Além disso, recomendo o livro *A Serpente por Trás de Toda a Rebelião*, do pastor André Resende. Com isso, aprendi que filho de Belial não faz parte da congregação dos santos do Senhor.

O Apóstolo João diz que não eram dos nossos se não tivessem permanecido:

> *"Filhinhos, esta é a última hora; e, assim como vocês ouviram que o anticristo está vindo, já agora muitos anticristos têm surgido. Por isso sabemos que esta é a última hora. Eles saíram do nosso meio, mas na realidade não eram dos nossos, pois, se fossem dos nossos, teriam permanecido conosco; o fato de terem saído mostra que nenhum deles era dos nossos."* (1 João 2:18-19)

Esse texto é tão impactante porque, na realidade, o Apóstolo João afirma que aqueles que espalham veneno na Congregação são os verdadeiros "anticristos".

Dessa forma, compreendi que a rejeição é uma parte da nossa vida em comunidade, onde os doentes estão para serem curados e os maus para tentar destruir, e que é Deus quem lida com os maus. Durante todos esses 14 anos, alguém me rejeitou, me detestou ou me interpretou de forma equivocada. Muitas pessoas entregaram suas vidas a Jesus, se arrependeram e mudaram suas vidas. Hoje, elas experimentam transformações por meio da Igreja do Senhor Jesus.

Caro leitor, muito se discute a respeito de falsos profetas, falsos pastores e até mesmo falsos irmãos! Mas existem também aqueles que são genuínos: muitos pastores e pastoras incríveis, sinceros e dedicados a amar verdadeiramente. Há tantos irmãos com corações generosos, cuidando do próximo e sendo uma carta viva de Cristo.

O que me fez continuar, mesmo quando quase desisti em 2014, um dos piores anos para mim — e acredito que 2023 para Fernando —, foi manter os olhos fixos no meu autor e consumador da fé, Jesus Cristo, sempre lançando tudo aos Seus pés. Aprendi a permanecer até a morte, se necessário. Mas ele também me ensinou sobre amor próprio. Ame ao seu próximo como ama a si mesmo!

Uma igreja com uma liderança saudável e um corpo alinhado será a maior bênção que você encontrará em sua vida!

Tive a felicidade de ter como pastores queridos os amados pastores José Neto e Josi, Pastor Caio e Pra. Cris, que são o presente divino na própria terra. Ame genuinamente seus pastores e veja-os como autoridades estabelecidas por Deus. Uma igreja frutífera necessita de pastores que estejam bem. Após Jesus, eles são um tesouro muito precioso de Deus, e você também é. Com certeza, o encargo deles é imenso.

A Igreja que preciso ser é, sem dúvida, a Igreja que persevera. Em 2014, eu queria muito ir embora, mas Deus me tocou com muito amor e me mandou esperar. Eu obedeci e, hoje, como Fernando está compartilhando sobre a Igreja Profética, temos uma cidade estabelecida com a oração dos santos do Senhor Jesus.

Hoje, temos ministérios preparados para a batalha, intercessores valiosos, diáconos e diaconisas, que servem com amor; um ministro de adoração admirável, além de crianças, jovens e adolescentes sendo instruídos com excelência. Também temos um projeto social incrível chamado "Amo Sim". Deus realizou tudo isso em uma pequena cidade. Deus enviou um casal de pastores incrível para nos auxiliar; sim, eu os descreveria assim — eles são demais. Temos aulas de Jiu-Jitsu, um ministério de mídia e... uau! Eles também são incríveis. Indivíduos que se tornaram empresários absorveram ensinamentos bíblicos e experimentaram uma transformação significativa em suas vidas. Casamentos restaurados e muitos outros testemunhos! A Ele pertence a glória, o louvor e a adoração.

Como afirmou José Neto, a Igreja é comparável a uma fonte de água situada no meio do deserto, onde as pessoas vão para saciar sua sede.

Vivemos tudo isso porque o Senhor nos tem ajudado até aqui, e permanecemos fiéis a Ele até o fim. Queridos, só quem permanece Nele vive o extraordinário de Deus.

A Igreja é o corpo de Cristo na Terra e o Reino de Deus em ação. Portanto, é essencial fazer parte desse corpo. Você precisa estar envolvido na Igreja, que, apesar de suas fraquezas devido às pessoas más que a habitam, é o melhor lugar em que você pode estar.

Para concluir, falarei sobre um evento recente: no último batismo, acompanhamos dois casos de mulheres muito queridas por nós. Uma delas sofreu um acidente grave e quase perdeu a vida. Como Igreja, clamamos pela sua recuperação e, embora ela esteja em uma cadeira de rodas, ela continua viva e buscando a Deus. A outra mulher preciosa enfrentava uma depressão profunda e tinha pensamentos suicidas. No último domingo, elas se batizaram com lágrimas nos olhos e esperança no coração, recebendo o amor de Jesus por meio de seus pastores e a alegria da verdadeira Igreja! Isso é ser Igreja: tocar as pessoas de maneira tão profunda e amorosa que elas se sintam curadas e amadas. Essa é a Igreja que eu quero ser. Nesse dia incrível, eu pensava comigo mesmo: "Valeu a pena."

E digo a você que um suporte firme vai valer a pena!

"Ele verá o fruto do penoso trabalho de sua alma e ficará satisfeito; o meu Servo, o Justo, com o seu conhecimento, justificará a muitos, porque as iniquidades deles levará sobre si." (Isaías 53:11)

CAPÍTULO 10

A IGREJA PRECISA TER DISCÍPULOS

Vocês não vão acreditar onde eu estou. Estou no mais jovem estado da Federação Brasileira, Tocantins, na sua capital, Palmas, que, por sinal, completou 36 anos no dia em que chegamos. Ou seja, sou mais velho do que a capital desse lindo estado brasileiro. Que cidade incrível! Moraria aqui de graça!

Tive uma experiência extraordinária aqui: vi o pôr do sol mais lindo da minha vida. O sol descia lentamente, escondendo-se atrás das montanhas cobertas por uma bela floresta, refletindo seu brilho nas águas do rio Tocantins, que formou um lago. A cada descida, tudo mudava de cor: a paisagem, as águas, o céu, os prédios, até mesmo a cor da nossa pele. Um alaranjado vibrante e vivo. Tirei algumas fotos, e elas ficaram incríveis. Foi realmente uma experiência única; não sei se verei algo assim novamente.

Enquanto aproveitava tudo isso, lembrei muito do Rei do meu coração, que adorava apreciar os detalhes da criação. Ele sempre dizia: "Olha as aves! Veja as flores, os lírios! Veja as crianças!" É necessário ter essa capacidade de enxergar Deus nas coisas mais simples da vida. Tudo isso tem me motivado a escrever com mais entusiasmo e inventividade. Só posso expressar minha gratidão ao meu Deus e Pai por me conceder esses momentos tão singulares e especiais.

Quero destacar, nas próximas linhas, algo que a igreja precisa urgentemente nesta geração: o verdadeiro discípulo.

Recentemente, ministrei a um grupo de empresários e compartilhei com eles que Deus não está em busca de pastores, profetas, títulos, músicos ou empresários. Ele está em busca de verdadeiros adoradores e verdadeiros discípulos! Há uma diferença enorme entre os discípulos da Igreja Primitiva e os discípulos desta geração. Não apenas nos discípulos, mas em toda a geração, noto uma queda significativa em todos os aspectos. Ele está sempre em busca de discípulos, mas o grande desafio hoje é que há muitos admiradores. Jesus nunca desejou admiradores. Infelizmente, hoje há poucos discípulos e muitos admiradores.

Fãs são pessoas que perderam sua dignidade ao considerar Jesus, o Filho de Deus, apenas um bom homem, um exemplo de vida e um mestre notável do primeiro século. Jesus passou a ser visto como objeto de preferência, e não de convicção. Uma das tristezas que encontramos no meio desse "evangeliquês" gospel deste tempo é observar mais fãs de Cristo exibindo modelos de roupas e ostentando costumes, dogmas e crenças que valorizam o status, como se isso fosse essencial para ser um discípulo. Além disso, as personalidades são vistas como mais relevantes do que o caráter formado ao seguirmos a Cristo.

Ser discípulo é ser um pequeno Cristo. Trata-se de compreender a missão de Deus em nossas vidas e ansiar pelas verdades divinas em vez das falsidades propagadas pela ideologia aceita pela sociedade. Ser discípulo é conceder a Deus o que pertence a Ele e a César o que é de César. Conforme a performance do ícone vai perdendo o brilho, o fã muda de opinião sobre ele — e isso é constante. Por outro lado, o discípulo está disposto a sofrer pela causa de Jesus, pois vivenciou Sua presença e ensinamentos diários, experimentando a intimidade com Seu Espírito, que é eterno e não transitório. Há, de fato, uma grande distinção entre fãs e discípulos:

- Fãs são confortáveis; discípulos são comprometidos
- Fãs são consumidores; discípulos são contribuintes
- Fãs sentam nas arquibancadas; discípulos entram no jogo, para vencer ou para morrer
- Fãs são espectadores; discípulos são participantes
- Fãs são meio período; discípulos são integrais
- Fãs seguem a multidão; discípulos seguem a Cristo
- Fãs ouvem a palavra de Deus; discípulos a praticam
- Fãs vivem pelos seus sentimentos; discípulos vivem pela fé
- Fãs conhecem seu ídolo; mas discípulos tem intimidade
- Fãs só querem as bençãos; discípulos aceitam o fardo
- Fãs amam o show; discípulos amam a missão
- Fãs só querem usar uma coroa; discípulos carregam a cruz
- Fãs vivem de momentos; discípulos sentam na mesa
- A diferença é bem gritante!

Em Atos 11:26 lemos: "Em Antioquia foram os discípulos pela primeira vez chamados cristãos." Assim foram chamados porque o tema principal de suas conversas era Cristo, e pregavam Seus ensinos e viviam em função de Cristo. Eles eram iguais a Cristo.

Um homem, estava escalando uma montanha alta liderado por um guia experiente. Na manhã seguinte, quando olhou à distância, as pegadas na neve, disse: "alguém passou por aqui essa noite". O guia conferiu e disse: "Não apenas um homem, mas vinte". É que cada alpinista pisou tão cuidadosamente em cima das marcas do seu líder, que parecia como se uma só pessoa havia dado aqueles passos." Assim também viver a vida cristã ser um discípulo de verdade, significa andar como Jesus andou. *"Aquele que diz que permanece nele, esse deve também andar como ele andou* (1 João 2:6).

Não sei se você já percebeu isso, mas o diabo está sempre ajustando suas estratégias conforme necessário. Ele é astuto, e a Bíblia o descreve como sagaz. Ele usa essa astúcia para alcançar seus objetivos, especialmente para transformar os discípulos de Jesus em simples admiradores.

Antigamente, ele se dedicava a fazer os discípulos tropeçarem e caírem, e frequentemente ouvíamos: "Fulano caiu", "Ciclano caiu". E a crentaiada até enchia a boca para disser isso, quase que sentindo prazer. E quando isso acontecia, nós sabíamos que Satanás havia derrubado um discípulo.

Hoje a estratégia de Satanás mudou. Hoje ele não trabalha para fazer cair, mas para ascender, para a pessoa se deslumbrar com a ascensão. Hoje os grandes líderes tem redes sociais, e quanto mais seguidores, mais famoso, mais ascensão eles vivem. E vemos o inimigo trabalhando para essa ascensão ser cada vez maior: uma necessidade de aparecer cada vez mais, ser notado cada vez mais, ser mais conhecido.

No passado, Satanás jogava no chão; hoje, ele joga para o alto. Isso não só no que diz respeito à vida profissional, familiar ou financeira, mas principalmente no que diz respeito à vida espiritual.

Podemos fazer uma breve reflexão. Responda honestamente a si mesmo: como você era no passado, quando sonhava em viver a vida que leva hoje? Que tipo de discípulo você era e que tipo de discípulo você se tornou ao viver aquilo pelo qual sonhava e orava? Você está mais próximo de Deus agora ou estava quando sonhava estar nesse lugar? Você estava mais próximo de Deus quando era apenas uma promessa, um(a) menino(a) sonhador(a)? Ou você está mais conectado a Deus agora, com a realização do seu sonho em ascensão? Esse sonho concretizado te trouxe mais perto ou mais longe do seu propósito e de Jesus?

O sucesso, inclusive o espiritual, tem causado um deslumbramento que pode levar à queda durante a ascensão. O deslumbrado não percebe esse estado; quem se deslumbra com o sucesso nunca reconhece o deslumbramento que o envolve, confundindo-o com autoestima. Ele reflete: aqui eu não tinha importância, era apenas um desconhecido! É como se o anônimo não tivesse valor algum e eu só me tornasse algo quando sou visto pelos outros; como se o meu valor fosse autenticado pelo like alheio. É muito difícil romper com esse encantamento. É bem mais simples recolher o que está no chão do que restaurar alguém que está arrogante. É bem mais simples tirar alguém do chão do que fazer alguém que já está no alto abraçar uma vida simples de um discípulo fervoroso. Satanás é astuto.

Vamos discutir a revelação feita a Pedro de que Jesus era o Cristo, o Filho de Deus, conforme Mateus 16:16-17. Primeiro, Jesus pergunta aos discípulos o que as pessoas dizem sobre Ele, pois quem está distante não compreende, apenas imagina. Então, Jesus torna a pergunta mais específica: vocês que caminham comigo, o que eu sou para vocês? Pedro recebe a revelação e se enche de orgulho. Jesus prossegue falando sobre seu propósito, sofrimento, humilhação e cruz (Mateus 16:21). Então, o mesmo Pedro que recebeu a revelação leva Jesus a um lado e começa a repreendê-lo, dizendo: "De modo nenhum te acontecerá." Mas tudo ocorreu conforme Jesus havia previsto. Pedro quase afirmou que foi Deus quem lhe disse que aquilo não deveria acontecer. Nesse momento, Pedro demonstra que a experiência de receber aquela revelação tocou seu ego e o elevou. Jesus, percebendo isso, diz a Pedro: "Para trás de mim, Satanás."

O mesmo homem que é instrumento de Deus também pode ser usado por Satanás. Um apóstolo, um pastor, um irmão — o diabo tem a capacidade de manipular nosso ego e inflá-lo a tal ponto que nos faz acreditar que podemos até mesmo repreender Jesus.

Vivemos em uma época na qual há pessoas que acreditam ter o direito de repreender todos, especialmente nas redes sociais, que se tornaram um espaço sem regras. Note que o discurso de Pedro demonstrou cuidado e empatia por Jesus: "Pois é, Jesus, não fica assim, não! Deus me disse que tudo ficará bem!" Imagine se Jesus fosse alguém que se vitimiza, que vive de compaixão alheia, e se deitasse no colo de Pedro dizendo: "Só você me compreende, Pedro, só você me acolhe com essa sua bondade!" No entanto, essa bondade era Satanás, era soberba — essa boa intenção era demônio.

Não está caído apenas quem está no chão; está caído quem está ensoberbecido. Pedro caiu porque se deslumbrou com sua própria espiritualidade. Observe o que o próprio discípulo Pedro afirma em 1 Pedro 5:8: *"O Diabo, o inimigo de vocês, anda ao redor como leão, rugindo e procurando a quem possa tragar"*. Você conhece o significado de tragar? Pergunte a um fumante: ele pega um cigarro de aproximadamente dez centímetros, coloca na boca e dá uma tragada. O que acontece com o cigarro? Ele diminui e se torna cinza, caindo. Isso continua até que sobre apenas a guimba ou bituca. E quando chega a esse ponto, o que faz o fumante? Apenas descarta. Não se traga o cigarro de uma vez só. É um processo gradual; e é assim que diabo tenta homens e mulheres — de forma gradual, tudo acontece passo a passo.

O problema é que não percebemos que estamos sendo tragados, ou percebemos, mas até gostamos, porque achamos que estamos por cima da carne seca. Gostamos da queda, como o paraquedista, que, quando pula de um avião a 5000 pés, vê o paraquedas se abrindo e, de repente, toma aquele soco ou solavanco. Depois desse momento, ele sente um prazer. Alguns dizem que é um dos maiores prazeres que um ser humano pode sentir: a pessoa vê o mundo aos seus pés, uma sensação de liberdade, uma sensação de ser deus. Mas, diante de toda essa sensação incrível, o paraquedista está em uma decadência em direção ao chão: decadência cheia de prazer. E o diabo faz a mesma coisa. Você tem a sensação de que está vivendo o ápice de sua vida, a liberdade; você tem a sensação de que tem o controle na mão, mas está em decadência. Se fosse de outra forma, nós interceptaríamos a queda na hora.

Por que há tantas pessoas no fundo do poço, vivendo uma vida sem sentido? É que o diabo possui essa capacidade de fazer isso conosco. E é quando estamos no fundo do poço que entendemos o valor do que perdemos. E refletimos: eu era feliz e não percebia! E, na maioria das vezes, já é tarde demais.

Outro exemplo é o de Mical, esposa de Davi, quando o julga (1 Samuel 6:13). Quando se captura essa cena de alguém lá em cima, olhando de cima para baixo, transmite-se a impressão de uma juíza. Ao agir dessa forma, corre-se o risco de se tornar estéril, pois, no auge de sua arrogância, acredita-se ter o direito de julgar a adoração de outrem, de interferir na maneira como alguém se relaciona com

Deus, sem compreender o que esse Deus e esse adorador vivenciam. O resultado é a esterilidade, como ocorreu com Mical.

No entanto, ao observar a geração atual, os discípulos do século 21, percebo pessoas superficiais. Ao conversar com meus amigos, o pastor Delmo Marani e sua amada esposa, a pastora Rose Marani, em Palmas-TO, compartilhamos nossas experiências de conversão. Foi realmente eletrizante! Quando foi a última vez que você presenciou uma conversão assim? Uma mudança drástica? O problema é que os discípulos de hoje têm uma fé superficial em Deus. Ao primeiro desafio, já querem desistir; acomodam-se em seus confortáveis lugares na igreja; esquecem-se da perfeição e beleza de Jesus.

A profundidade de nossa relação com Deus determina o tamanho do nosso amor por Ele. Quanto mais nos aprofundamos em nossa fé, mais nos apaixonamos por Deus e reconhecemos que a melhor coisa é estar em Sua presença, não desejando estar em outro lugar que não seja com Jesus. Uma coisa que devemos compreender é que Deus se preocupa mais em levar você à profundidade do que à altura. Estar profundo não significa estar caído. Permanecer por muito tempo em grandes altitudes pode causar problemas. Dois de seus sentidos, a audição e a visão, serão afetados.

Quando se perde a audição, é difícil ouvir quando as pessoas falam mais alto do que o normal. As vozes parecem distantes, abafadas e as frases soam distorcidas. Sempre passo mal quando pego voos; meus ouvidos ficam trancados e fico horas ouvindo sons abafados, sem conseguir entender o que as pessoas estão dizendo. Quando você está no alto, sua visão pode ficar um pouco embaçada. É difícil identificar as pessoas quando se está muito acima delas; elas parecem pequenas, e fica difícil diferenciá-las, pois todas parecem semelhantes. Você não as escuta nem as vê claramente, pois está acima delas. É precisamente nesse ponto em que Davi se encontra; ele nunca esteve tão elevado. Seu sucesso assemelha-se a um vulcão que entra em erupção de forma inesperada. Israel está se expandindo e prosperando como nunca antes. Após duas décadas no trono, ele se destacou como guerreiro, músico e rei. Seu ministério é poderoso; não há derrotas nos campos de batalha; sua administração é exemplar. Ele é amado pelo povo, seguido pelos soldados e aclamado pela multidão. Davi está no auge o tempo todo.

Que diferença em relação ao que encontramos no campo! La ele cuidava das poucas ovelhas malhadas e sem a raça de seu pai. E quanto ao vale de Elá? Lá estava Davi, ajoelhado à beira do ribeiro, buscando cinco pedras lisas. Nesse instante, todos estavam de pé: os soldados, Golias, Saul, seus irmãos; e ele, na parte mais baixa do vale, agachado, nunca esteve tão baixo, mas também nunca esteve tão forte. Trinta anos depois, isso mudou. Davi atinge o ponto mais alto de sua vida, ocupando a posição mais elevada do reino e o lugar mais importante da cidade. No entanto, ele se encontra no terraço do palácio real, quando deveria estar em outro lugar, no campo de batalha com seus soldados. (2 Samuel 11:1)

Davi, em um momento de ociosidade, observa uma mulher tomando banho. Ele observa e aprecia o que vê. Por isso, questiona sobre ela, e um servo traz as informações: *"É Bate-Seba, filha de Eliã, e mulher de Urias, o Hitita."* (2 Samuel 11:3). O servo transmite a informação com cautela: além de informar o nome dela, avisa que ela tem pai, menciona seu estado civil e o nome de seu marido. Por que informar a Davi que ela é casada, a não ser para impedi-lo? E por que mencionar o nome do marido, se Davi não o conhece? Urias era um de seus nobres guerreiros, então Davi provavelmente o conhecia muito bem. A impressão que temos é de que esse servo astuto deseja alertar o rei sobre suas más intenções. Porém, Davi não compreende a sugestão, pois seus ouvidos estão afetados pela altitude.

Em 2 Samuel 11:4, Davi dá o primeiro passo ladeira abaixo: "Davi mandou que a trouxesse, e se deitou com ela." Sabe qual é a principal questão aqui? Davi tem um papel dominante nessa narrativa: (1) Davi envia Joabe para a guerra. (2) Ele ordena a seu servo que descubra quem era Bate-Seba. (3) Ele manda que a tragam até ele. (4) Ao ser informado da gravidez de Bate-Seba, ele envia uma mensagem a Joabe pedindo que envie Urias. (5) Ele manda Urias ir para casa descansar e passar um tempo com Bate-Seba, mas Urias é mais nobre do que ele. (6) Davi o manda de volta para o campo de batalha em uma posição onde é quase certo que ele morrerá. (7) Por fim, ele manda buscar Bate-Seba e se casa com ela.

Não apreciamos muito esse Davi autoritário e exigente; preferimos o Davi que pastoreia. Um pastor com coração de rei é o que ele deveria ser: um rei com coração de pastor. Apreciamos o Davi que enfrenta leões e ursos, que derrota gigantes, que escapa de Saul, que adora e compõe salmos. Não estamos prontos para o Davi que perde o domínio e o autocontrole. É difícil enxergar Davi sob essa perspectiva, o melhor rei que Israel já teve. Mas, o que ocorreu com ele? A resposta é direta. É a doença da altitude! Ele estava lá em cima há bastante tempo. O ar rarefeito afetou seus sentidos; ele não pôde ouvir como estava acostumado. Não escutou as advertências do servo, nem a voz de sua consciência, nem pôde ouvir o Senhor. O Pico ensurdeceu seus ouvidos e cegou seus olhos!

Davi avistou Bate-Seba? Não. Ele presenciou uma mulher se banhando! Viu o cadáver de Bate-Seba! Ele observou as formas de Bate-Seba. Ele a viu como um prêmio. Ele não enxergou Bate-Seba como um ser humano, filha de Eliã, esposa de Urias, filha de Israel, irmã ou criação de Deus. Davi ficou cego. Passar horas demais sob o sol intenso e o ar rarefeito o deixou atordoado. Estar profundo não é o mesmo que estar caído.

Certamente, Deus não deseja que você se perca nas alturas; tenha cuidado com o encanto do deslumbramento. Ele deseja que você se aprofunde Nele, que mergulhe no amor, na humildade, na simplicidade e na intimidade. É dessa forma que um discípulo deve agir. Seus desejos não têm mais importância; o que importa é a vontade do Pai. Ele vive em função do propósito e está totalmente concentrado na missão. Você conhece alguém desse jeito? Você é desse jeito?

Desejo que você considere as seguintes diferenças em relação aos discípulos primitivos:

ELES ERAM INTERESSADOS PELA ORAÇÃO

Certo dia Jesus estava orando em determinado lugar. Tendo terminado, um dos seus discípulos lhe disse: "Senhor, ensina-nos a orar, como João ensinou aos discípulos dele" (Lucas 11:1). Eles não pediram a Jesus que os ensinasse a realizar milagres ou multiplicar coisas, nem mesmo a expulsar demônios. O que pediram foi que Jesus os ensinasse a orar. Não estavam interessados em ganhar coisas ou em receber bênçãos, mas em aprender a orar e a ter uma relação íntima com Deus. Isso talvez tenha ocorrido porque perceberam o poder da proximidade de Jesus com o Pai.

Como pastor, não sei como é em outros lugares — talvez só no Mato Grosso, mas em outros estados e países, provavelmente não. Mas precisamos implorar para que as pessoas orem. Acho que sobra dedos se contarmos as pessoas que têm uma vida de oração.

Lutero afirmava que a oração é o suor da alma. Aqueles que se consideram discípulos atualmente parecem não compreender a relevância da intimidade por meio da oração. Eles priorizam diversas atividades, como trabalho, lazer e redes sociais. John Piper afirmou: "Uma das maiores utilidades do Twitter e Facebook (e agora o Instagram e Tik-Tok) será provar no Último Dia que a falta de oração não era por falta de tempo." As pessoas passam horas nessas coisas, mas não dedicam cinco minutos à oração. Sem oração, não há poder; sem oração, não há unção. O apóstolo Paulo exortou a igreja de Tessalônica: *"Orai sem cessar"* (1 Tessalonicenses 5:17). A. W. Tozer oferece a seguinte orientação: Orar, orar e persistir na oração até realmente começar a orar.

Nós, discípulos desta geração, somos bastante fracos na busca. Quantos de nós estamos prontos para nos distanciar completamente de tudo para buscar a face de Deus? Não desistir enquanto a presença de Deus for verdadeira em sua vida?

> *"Como a corça anseia por águas correntes, a minha alma anseia por ti, ó Deus. A minha alma tem sede de Deus, do Deus vivo. Quando poderei entrar para apresentar-me a Deus?"* (Salmos 42:1-2)

Nossos ouvidos ouviram sobre Ele, mas nossos olhos ainda não O viram. Há algo faltando. Há homens e mulheres que amam e servem o Senhor com tanto zelo, mas sabem que há algo errado, um desejo interior que ainda não foi satisfeito. Ainda existe uma demanda espiritual não atendida, algo mais profundo, uma beleza, uma glória, um entusiasmo sobre quem Abba é — que ainda não percebi ao ler as Escrituras e encontrar textos como este:

> "No último e mais importante dia da festa, Jesus levantou-se e disse em alta voz: 'Se alguém tem sede, venha a mim e beba. Quem crer em mim, como diz a Escritura, do seu interior fluirão rios de água viva.'" (João 7:37-38)

Sabe o que me assusta? O fato de que as pessoas passam dias sem pensar em Jesus ou orar, e o que me preocupa ainda mais é que isso se tornou algo comum.

> "A minha alma está anelante e desfalece pelos átrios do Senhor; o meu coração e a minha carne clamam pelo Deus vivo." (Salmos 84:2)

Moisés subiu ao monte e orou duas vezes, permanecendo lá por 40 dias. Ele teve um encontro com Deus na sarça ardente, levantou o cajado e presenciou a abertura do mar. Ele viu o poder de Deus como ninguém, mas agora se sentia exausto. No meio da glória, dos poderes, das bênçãos e do mover, havia algo dentro dele clamando por uma revelação mais profunda de Deus. Algo precisava romper, e ele não conseguia mais suportar essa situação. Então, sua alma irrompe em um clamor: "Ó Deus, mostra-me a tua face! Quero te ter, te conhecer profundamente, te experimentar muito além do que já experimentei."

Deus está à procura de pessoas que o busquem com todo o coração, alma e mente. Se isso ocorrer, nada as afastará Dele até que O encontrem. E se realmente fizermos isso, não de forma superficial, toda essa mornidão e flexibilidade desaparecem. Se você realmente tiver o Espírito Santo em você, não ficará satisfeito; desejará que Ele esteja em você.

Jacó me encanta quando se encontra perante Deus; sua sede por Ele o leva a agarrá-Lo e, mesmo cansado e exausto, declara: "Não te deixarei ir sem a tua bênção." Isso é uma espécie de busca, uma fome que nos impede de desistir, pois desistir é equivalente a morrer. Essa fome na alma humana precisa ser saciada; é Deus quem a colocou nas profundezas do seu espírito, e Ele atenderá o coração que clama e a alma que busca. Podemos afirmar "Deus, estou em desespero! Oh, meu Deus! Não consigo mais viver sem o Senhor"? Não é mais sobre os meus desejos egoístas, mas sobre ser tocado pelo Senhor para que possamos tocar os demais. Dizer: "Eu não quero nada além de Deus; as coisas não me interessam, as bênçãos não me importam. Eu quero Deus."

> "Eu é que sei que pensamentos tenho a vosso respeito, diz o Senhor; pensamentos de paz e não de mal, para vos dar o fim que desejais. Então, me invocareis, passareis a orar a mim, e eu vos ouvirei. Buscar-me-eis e me achareis quando me buscardes de todo o vosso coração. Serei achado de vós, diz o Senhor, e farei mudar a vossa sorte."
> (Jeremias 29:11-14)

Será que já buscamos a Deus tão intensamente que preferiríamos morrer do que não conhecê-lo?

Você nota o quão frágil é o nosso desejo por Deus? Se você não o buscou com sinceridade, é porque, no fundo, Ele não é tão relevante para você. Se você não o procura com fervor no seu coração, é provável que nunca se torne uma pessoa repleta do Espírito Santo.

Imagine que você está caminhando em um gramado à noite e deixa cair uma moeda de 10 centavos. Então, você pega o celular e faz a única coisa útil que pode com ele: liga a lanterna e começa a procurar. Quanto tempo você levaria para encontrar essa moeda? Cinco minutos? Dez? Uma hora? Você passaria a noite inteira procurando? Uma moeda de baixo valor? É pouco provável. Porém, se você perdesse acidentalmente uma mala contendo 5 milhões de reais em algum lugar, quanto tempo você gastaria procurando essa mala, caso não desmaiasse nem tivesse um ataque cardíaco? O quanto fosse necessário, não é verdade?

Gostaria de fazer uma pergunta: Quando você procura por Deus? Você procura por uma moeda de 10 centavos? Você procura um pouco; se encontrar, ótimo; se não encontrar, tudo bem, você tem outras tarefas mais importantes para realizar. Esse tipo de pessoa jamais encontrará Deus.

Qual é o tempo que você passa na presença de Deus? Por quanto tempo você se coloca em oração diante Dele? Por quanto tempo você se afasta de tudo e de todos, incluindo sua família, estudos, trabalho e hobbies, para se prostrar diante Dele e buscar Sua presença em oração?

ELES SE PREOCUPAVAM COM A SALVAÇÃO

"Disse então Jesus aos seus discípulos: Em verdade vos digo que é difícil entrar um rico no reino dos céus. E, outra vez vos digo que é mais fácil passar um camelo pelo fundo de uma agulha do que entrar um rico no reino de Deus. Os seus discípulos, ouvindo isto, admiraram-se muito, dizendo: Quem poderá, pois, salvar-se? E Jesus, olhando para

eles, disse-lhes: Aos homens é isso impossível, mas a Deus tudo é possível." (Mateus 19:23-26)

A nossa maior necessidade não é as bênçãos divinas, mas a própria divindade. O Deus abençoador é superior às bênçãos que Ele concede. A igreja alterou seu foco. Os discípulos contemporâneos acreditam que é Deus quem serve ao homem, em vez de o homem servir a Deus. A atenção se desviou. Atualmente, o ser humano troca Deus pelas bênçãos divinas. As pessoas buscam a salvação, mas não o Salvador. Eles até desejam ser salvos, porém aparentam não se importar muito com isso.

Jesus deixou claro que não possuía bens materiais, nem mesmo um lugar para reclinar a cabeça. Seguir Jesus significa que nem sempre teremos todas as nossas necessidades atendidas. Os discípulos o seguiam porque reconheciam que ele era portador de palavras de vida eterna e que, nele, havia salvação. A forma como Jesus descreveu o inferno foi aterrorizante, e isso tinha um propósito: fazer com que cada discípulo sentisse a urgência de buscar a salvação. Ele caracterizou o inferno como "trevas exteriores", um local onde ocorre "choro e ranger de dentes", um lugar de "fogo inextinguível", "fornalha de fogo", "fogo eterno", "lago de fogo", e o local de castigo para "o diabo e seus anjos". E, ainda pior, um lugar do qual nunca poderíamos escapar.

As Escrituras apresentam uma descrição tão aterrorizante do inferno, e Jesus falou de sua realidade de maneira sóbria. Ele usou essa realidade para nos advertir solenemente a não desperdiçar a única chance de escapar desse castigo eterno, que é o evangelho Dele. Ele também enfatizou que a morte sela nosso destino. Assim, se morrermos em nossos pecados, eles serão a única passagem que teremos para o inferno. Tenha em mente que não é o diabo que conduz as pessoas ao inferno, mas o pecado.

No entanto, muitos dos discípulos dessa época acreditam que são bons o suficiente para não precisarem do evangelho de Jesus para alcançar a salvação. A maioria das pessoas acredita que, por ter realizado mais boas ações do que más, está em segurança. Contudo, nossas boas ações nunca serão capazes de compensar ou redimir nossos pecados. Como muitos acreditam, nossas boas ações nunca poderão nos garantir a salvação.

Ao contrário, nossos pecados devem ser perdoados, e isso por meio de Deus. E nosso Deus, que é misericordioso, mas também santo, ofereceu a única solução para que pudéssemos receber o perdão pelos nossos pecados. E a resposta para isso é Jesus Cristo e o seu evangelho. "Porque não me envergonho do evangelho de Cristo, pois é o poder de Deus para a salvação de todos os que creem..." Porque nele se revela a justiça de Deus de fé em fé, conforme está escrito: *"O justo viverá pela fé."* (Romanos 1:16-17). E a Bíblia afirma que todos nós pecamos (Romanos 3:23). Portanto, cada um de nós deve aproveitar essa única "cura" para nos redimir dos nossos pecados.

"Porque pela graça sois salvos, por meio da fé; e isto (salvação) não vem de vós, é dom de Deus. Não vem das obras, para que ninguém se glorie" (Efésios 2:8-9). É por isso que devemos pensar na salvação através de Jesus e no evangelho como nossa única esperança de salvação. Não só de maneira pessoal, mas de todos, pois esse é o desejo de Deus Pai.

"Pois isto é bom e agradável diante de Deus nosso Salvador, o qual deseja que todos os homens sejam salvos e cheguem ao pleno

conhecimento da verdade. Porque há um só Deus, e um só Mediador entre Deus e os homens, Cristo Jesus, homem, o qual se deu a si mesmo em resgate por todos, para servir de testemunho a seu tempo."

(1 Timóteo 2:3-6)

ELES ERAM SENSÍVEIS ÀS NECESSIDADES

"E, como o dia fosse já muito adiantado, os seus discípulos se aproximaram dele, e lhe disseram: O lugar é deserto, e o dia está já muito adiantado. Despede-os, para que vão aos lugares e aldeias circunvizinhas, e comprem pão para si; porque não têm que comer."

(Marcos 6:35-36)

Esse é um dos milagres mais impressionantes de Jesus — como concordaram os quatro escritores dos evangelhos, que documentaram o evento. Neste trecho, observamos os discípulos preocupados com a multidão. O texto menciona que havia 5 mil homens, e Mateus ressalta que mulheres e crianças não foram incluídas nessa contagem. Alguns estudiosos estimam que havia cerca de 15 mil pessoas presentes. Acredito nessa estimativa, pois as mulheres tendem a ser mais sensíveis do que os homens. Isso é perceptível até mesmo nos cultos, onde elas geralmente são maioria e mais participativas. Não posso afirmar com certeza, mas suspeito de que havia mais mulheres do que homens naquele local. Além disso, naquela época, não se havia métodos contraceptivos, e não havia televisão nem internet, o que provavelmente resultou em um grande número de crianças presentes. Para os israelitas, ter muitos filhos era considerado uma honra.

Os discípulos notaram que o dia estava chegando ao fim e sabiam que não havia um mercadinho no deserto para comprar pão ou biscoito. Também estavam cientes de que não havia água e que as noites no deserto eram muito frias. Veja o que o Dr. Lucas relata: *"E já o dia começava a declinar; então, chegando-se a ele os doze, disseram-lhe: Despede a multidão, para que, indo aos lugares e aldeias em redor, se agasalhem, e achem o que comer; porque aqui estamos em lugar deserto."* (Lucas 9:12).

Eles se preocuparam com a noite, o frio e a fome. Esses discípulos, além de perceberem a necessidade, se anteciparam a ela. Todo verdadeiro discípulo de Jesus possui essa capacidade. Como pastor, reconheço que posso solicitar aos discípulos a realização de certas tarefas, porém admito que não aprecio fazê-lo. Espero que isso não seja um orgulho tolo! Porém, adoro quando um discípulo antecipa uma necessidade. Todo discípulo precisa estar tanto disposto quanto disponível. São duas coisas distintas. Há pessoas que estão dispostas, mas não disponíveis; e há as piores: que estão disponíveis, mas não dispostas.

Veja como é impressionante essa outra passagem e como os primeiros discípulos de Jesus foram sensíveis à necessidade de uma mulher. Uma mulher cananeia clamava atrás deles por causa de sua filha, que estava terrivelmente possessa por um demônio. Essa história pode ser encontrada em Mateus 15:21-28 e Marcos 7:24-30. Eles se aproximam de Jesus e intercedem por ela.

Precisamos ser mais sensíveis, precisamos ser mais servos. A verdadeira grandeza, segundo Deus, está na medida em que servimos uns aos outros.

ELES VALORIZAVAM A COMUNHÃO

> *"No primeiro dia da Festa dos Pães Asmos, vieram os discípulos a Jesus e lhe perguntaram: 'Onde queres que te façamos os preparativos para comeres a Páscoa?'"* (Mateus 26:17)

Atualmente, vivemos um individualismo quase opressivo, com as pessoas cada vez mais isoladas. Seus relacionamentos se limitam a interações superficiais em telas de dispositivos eletrônicos, e eu não considero isso um relacionamento. As pessoas buscam se sentir amadas por meio de curtidas, compartilhamentos e número de seguidores. Infelizmente, essa é a nossa realidade hoje.

É evidente que os primeiros discípulos de Jesus priorizavam a mesa, a comunhão e as refeições. Eles valorizavam isso, conversando à mesa. Além dos discípulos, Jesus apreciava o ambiente da mesa, excluindo o quarto, que é o principal local de intimidade com nosso cônjuge, e que também deve ser com o Senhor. *"Tu, porém, quando orares, entra no teu quarto e, fechada a porta, orarás a teu Pai, que está em secreto; e teu Pai, que vê em secreto, te recompensará"* (Mateus 6:6). Jesus está falando sobre a profundidade do relacionamento que deseja ter conosco, a ponto de gerar vida, pois é isso que um casal faz em um quarto, certo? Isso ocorre no quarto, mas a mesa também é um espaço de grande intimidade, envolvendo toda a família e pessoas próximas. Quando alguém convida alguém para se sentar à mesa, isso significa que essa pessoa é muito especial e que está sendo chamada para uma relação mais profunda.

Sempre tive uma atração por mesas. Aprecio uma mesa repleta de pessoas, risadas, conversas e momentos de compartilhamento. Encontro inspiração nos momentos em que a Bíblia retrata Jesus sentado, dialogando principalmente com seus discípulos, compartilhando refeições e animando a mesa com seus amigos. Para o judeu, a mesa não é somente um móvel decorativo, mas um altar onde a família se congrega. Salmos 128.3b afirma: *"...teus filhos, como rebentos da oliveira, à roda da tua mesa."*

Para o Abba, a mesa é tão significativa que Ele ordenou que dez delas fossem colocadas no Templo. 2 Crônicas 4:8 diz: *"Também fez dez mesas, e pô-las..."* A crise atual na família está relacionada à desvalorização e diminuição do valor da mesa das refeições. Um estudo indica que, neste ano, na Inglaterra, as lojas de móveis observaram um aumento de cerca de 40% nas vendas de mesas de escritório, ao passo que as vendas de mesas de jantar apresentaram uma queda de 8%. Na Inglaterra, 25% das famílias não possuem mais mesa de jantar. No Brasil, 40% das famílias não se reúnem para o jantar, e 70% delas realizam as refeições com a televisão ligada. Um dos objetivos do diabo é esvaziar a mesa e reduzir sua importância. A mesa é um local de grande relevância na criação de uma cultura familiar que nutre e no vínculo profundo com aqueles que amamos.

A mesa é um espaço sagrado. É à mesa onde a família se encontra que Deus se manifesta e se faz conhecido. Nenhum outro momento é tão propício para demonstrar o caráter de Deus em família quanto este, quando todos estão reunidos à mesa. *"Jesus sentou-se à mesa com eles, tomou o pão, pronunciou a bênção, partiu e deu a eles. Neste momento, seus olhos se abriram e eles o reconheceram"* (Lucas 24:31).

A mesa nos proporciona o prazer de estarmos juntos. Enquanto se alimenta, a mesa serve como um pretexto para que a família se encontre e converse. Estar presente é um presente. A mesa é um espaço para comemorações. É responsabilidade do pai de família destacar as bênçãos da vida cotidiana e também transformar eventos especiais em celebrações ao redor da mesa. Nesse contexto, o discipulado ocorre na gentileza de oferecer um alimento, ao compartilhar algo precioso e ao servir uma bebida; o aprendizado pode ocorrer, e o momento é propício para discutir qualquer tema que seja necessário. É importante observar que se deve evitar discutir tópicos tensos com frequência, pois isso pode arruinar esse momento tão especial.

Independentemente do formato da mesa — redonda, retangular ou quadrada — as pessoas ao redor podem se unir, formando um círculo em que todos estão no mesmo nível, compartilhando o mesmo alimento e com o mesmo propósito.

Como discípulos, a mesa precisa ser provocada por você. É nós que devemos instigar ela, quando optamos por ela, quando experienciamos ela. Em Betânia, Marta organizava a mesa, enquanto Maria convertia aquele espaço em um local de adoração e espiritualidade. Quando estamos com Jesus, somos tocados por sua vida e seu coração, e isso é tudo que um verdadeiro discípulo anseia.

Na mesa, nutrimos nosso organismo, nos alimentamos e testemunhamos a transformação dos alimentos em energia para o nosso corpo. Uma alimentação adequada mantém nossos corpos saudáveis e fortes. No entanto, somos ainda mais nutridos em nossas emoções, que é o lugar onde colocamos não apenas nosso coração, mas também nossa vida.

A mesa deve ser para um discípulo mais do que um objeto decorativo no interior de sua casa; ela deve ser um altar. Essa veneração da unidade familiar se fortalece com o tempo dedicado a ela; é preciso praticá-la e, ao fazê-lo, você cresce com ela. Esse é um legado que pode ser deixado para as gerações futuras.

Marta tinha a responsabilidade de organizar a mesa; e as Martas são essenciais. Quando elas não estão presentes na igreja, todos ficam desorientados, sem saber onde estão as chaves e outras coisas; é um caos. Lázaro é a prova irrefutável, um testemunho vivo de que Jesus é o Messias. Maria, a adoradora, traz a essência da adoração. Tudo isso contribui para a preparação da mesa: o serviço, o testemunho e a adoração. É nesse momento que Ele pode te ungir e até fazer transbordar:

"Preparas uma mesa perante mim na presença dos meus inimigos, unges a minha cabeça com óleo, o meu cálice transborda." Salmos 23:5.

Recentemente, estive em Mogi das Cruzes, São Paulo, durante uma manhã de ministração da palavra. O pastor Judson de Oliveira estava pregando, e havia uma unção muito palpável no ar. As palavras fluíam do pregador como um rio. Em um determinado momento, ele disse algo que ressoou profundamente em mim: para estar à mesa, é preciso largar a espada, mesmo que ela esteja firmemente agarrada à mão, como aconteceu com Eleazar em 2 Samuel 23:9-10. Minha esposa e eu choramos muito. Eu havia lutado por tanto tempo que sentia como se uma espada estivesse presa em minhas mãos. Nesse momento, percebi um chamado de Deus para me sentar à mesa, o que exigiu que eu deixasse a espada para trás. Esse é o lugar onde os despojos dos inimigos são divididos; é onde Ele unge nossas mãos; um tempo de refrigério e nutrição. Sinto esse ciclo se aproximando da minha vida e profetizo que esse tempo também chegará para você que está lendo isso.

Gostaria de fazer algumas perguntas a você, discípulo de Jesus: em sua casa, o momento em que a família se reúne à mesa para as refeições é apreciado? Vocês mantêm esse valor? Tenha em mente que essa é uma característica das famílias bem-sucedidas: não renuncie a esse tempo de qualidade essencial para a saúde dos relacionamentos. Jesus deseja isso para você e para a Igreja. Ele manifesta esse desejo à Igreja de Laodiceia: *"Eis que estou à porta, e bato; se alguém ouvir a minha voz, e abrir a porta, entrarei em sua casa, e com ele cearei [na mesa], e ele comigo"* (Apocalipse 3:20).

TINHAM SEUS OLHOS NO FIM DOS TEMPOS E NA VOLTA DE JESUS

> *"No monte das Oliveiras, achava-se Jesus assentado, quando se aproximaram dele os discípulos, em particular, e lhe pediram: Dize-nos quando sucederão estas coisas e que sinal haverá da tua vinda e da consumação do século."* (Mateus 24:3)

Observamos que os discípulos daquela época demonstravam preocupação com o fim dos tempos e o retorno de Jesus, ao contrário dos discípulos desta geração, que vivem suas vidas sem acreditar que isso ocorrerá. É raro encontrar alguém que se considera discípulo nos dias de hoje vivendo como um despenseiro de Cristo. Um despenseiro entende que nada lhe pertence, enquanto um discípulo reconhece Deus como o proprietário de tudo e se vê como um simples administrador de tudo o que recebe de Deus. Trata-se de um despenseiro. Trata-se de um mordomo ou de alguém que possui a chave da despensa. Ele tem consciência de que um dia será responsabilizado por tudo o que recebeu.

O que se exige dos despenseiros é que sejam leais. *"Assim, pois, importa que os homens nos considerem como ministros de Cristo e despenseiros dos mistérios de Deus. Ora, além disso, o que se requer dos despenseiros é que cada um deles seja encontrado fiel."* (1 Coríntios 4:1-2). A fidelidade se manifesta na obediência e na multiplicação dos talentos recebidos. Mas como esperar isso dos discípulos atuais, que nem acreditam na volta de Jesus?

Porém, o verdadeiro discípulo anseia e anseia pelo retorno de seu Rei, o Amado de sua alma. *"Agora me está reservada a coroa da justiça, que o Senhor, justo Juiz, me dará naquele dia; e não somente a mim, mas também a todos os que amam a sua vinda"* (2 Timóteo 4:8). Paulo, esse fervoroso discípulo de Jesus, nos ensina isso. Apesar de reconhecer que viver é um desafio, ele nos orienta a amar a volta de Jesus, a olhar para a eternidade e a enxergar a coroa que nos espera. *"Porquanto, para mim, o viver é Cristo, e o morrer é lucro."* (Filipenses 1:21)

Um verdadeiro discípulo, além de amar, anseia e aguarda a volta de seu Mestre. O apóstolo Paulo foi firme com a igreja de Tessalônica, que acreditou tanto na volta de Cristo que não queria se envolver em mais nada. Em 2 Tessalonicenses 3:6-15, a igreja de Tessalônica enfrentava um problema: nem todos, mas alguns de seus membros estavam vivendo na ociosidade, sem trabalhar e causando transtornos, tornando-se um fardo para os demais discípulos. Paulo, um discipulador exemplar, precisa engajar a igreja no que é mais básico: esforçar-se para não ser um peso para ninguém. Nunca devemos nos esquecer de que o fato de sermos salvos não nos isenta de cumprirmos nosso propósito. Observe o que Jesus afirmou: *"E este evangelho do Reino será pregado em todo o mundo, em testemunho a todas as nações, e então virá o fim."* (Mateus 24:14)

De acordo com Mateus 24:14, como discípulos, devemos cumprir o mandamento de pregar o evangelho. E não se trata de qualquer evangelho, mas do evangelho do Reino. Precisamos ensinar e fazer discípulos, batizando-os em nome do Pai, do Filho e do Espírito Santo. Além de amar e esperar, ele também apressa o cumprimento de sua missão. Dessa forma, ele vive sua vida, glorificando Jesus em todas as coisas e mantendo-se atento: *"Vigiai, pois, porque não sabeis a que hora há de vir o vosso Senhor."* (Mateus 24:42)

O verdadeiro discípulo, em sua alma e espírito, clama sem medo: Maranata, ora vem, Senhor Jesus!

Ah, Senhor, concede-me amar a tua vinda mais do que desejar compreendê-la ou discuti-la. Me usa para apressar isso, não faz nada sem mim, eu Te quero mais do que a minha vida!

Para encerrar este capítulo, peço que você seja um discípulo genuíno e fervoroso enquanto estiver vivo, pois talvez a única manifestação de Cristo que alguém próximo a você enxergue seja você mesmo. Que sua vida seja tão impactante que as pessoas nem precisem ouvir sua voz! E responda a si mesmo com honestidade: O que você é? Fã ou discípulo?

CAPÍTULO 11

A IGREJA PRECISA SER PROFÉTICA

Para que você tenha uma ideia do ambiente em que estou escrevendo este capítulo, são 19h30 de uma quinta-feira, 20 de fevereiro de 2025. Ouço o som da chuva, especialmente nas folhas das plantas exuberantes que adornam meu pequeno, mas belo, jardim. Minha gata, Mirian, dorme ao meu lado. Retomo a escrita deste livro após uma longa pausa de mais de um ano. No final de 2023, passei por uma situação extremamente difícil em minha vida e ministério, o que me levou a concentrar-me na resolução do ocorrido. Essa experiência drenou minhas energias físicas, emocionais e espirituais. Por mais que tentasse retomar a escrita, não conseguia. Sem dúvida, foi um dos momentos mais desafiadores da minha vida. Não quero me concentrar nisso, pois *"O ódio excita contendas, mas o amor cobre todas as transgressões."* (Provérbios 10:12). Talvez eu escreva sobre o ocorrido no futuro. Sinto que ainda não é o momento, mas estou ciente de que, quando chegar a hora, documentar o acontecido será útil para muitos pastores e líderes.

Outro motivo que me levou a retomar a escrita foi Papai me interromper novamente. É a segunda vez que Ele faz isso. Na primeira, Ele colocou uma pedra no meio do caminho, como diz o poeta Carlos Drummond de Andrade em um de seus poemas. Mas, na verdade, foi uma pedra no meu rim. Lembro-me de que isso causou uma infecção enorme, e passei pelo vale da sombra da morte. Durante os vários dias em que estive internado, tive uma espécie de déjà vu, aquela sensação de já ter vivido aquele momento exato. Sempre que isso acontece, sinto que estou exatamente onde deveria estar. Até o médico olhou nos meus olhos e disse: "Agora você tem mais tempo para orar e ler sua Bíblia!" Deus nos quer como somos, e não pelo que fazemos para Ele. Não se esqueça de que a obra já foi concluída: TETELESTAI! Está consumado! Apenas precisamos caminhar na obra, e não realizá-la, como muitos acreditam.

> *"Porque pela graça sois salvos, por meio da fé; e isto não vem de vós, é dom de Deus. Não vem das obras, para que ninguém se glorie; Porque somos feitura sua, criados em Cristo Jesus para as boas obras, as quais Deus preparou para que andássemos nelas."* (Efésios 2:8-1)

Eu estava em uma correria, viajando bastante, pregando por todo o estado, pelo Brasil e pelo exterior, quando Deus precisou me interromper para que eu pudesse passar mais tempo com Ele e cultivar a intimidade. Desta vez, fui forçado a fazer uma pausa, mas agora com uma certa organização.

Sempre fui atleta desde criança e sempre trabalhei arduamente. Meus empregos sempre foram pesados: pedreiro, saqueiro, metalúrgico, madeireiro, entre outros. Como resultado disso, desenvolvi hérnias inguinais, e meu amigo Dr. Bruno Carvalho Baltar Fernandes me incentivou a fazer essa cirurgia, pois elas poderiam me causar problemas a qualquer momento. Agora estou operado e precisando interromper todas as minhas atividades. Sou sanguíneo de temperamento e, além disso, hemorrágico, pingando por todos os lados. Para mim, ficar parado é uma tortura muito grande. No entanto, aqui estou, e para me manter ocupado. Meu Pai me incentivou a retomar a escrita, o que me deixou muito feliz.

Quero abordar a relevância de uma igreja profética. Leonard Ravenhill afirma que a igreja não deve ser patética, mas, sim, profética. Demorei um pouco para compreender isso, mas ao ler as Escrituras, percebo essa ação presente em toda a sua extensão, de Gênesis a Apocalipse. Deus é profético e quer que sua igreja seja também.

Na Queda do homem, já se observa a ação profética de Deus. Apocalipse 13:8 afirma que o Cordeiro foi morto antes da fundação do mundo. Reflita sobre isso. No Jardim, Deus sacrifica um animal para fazer vestimentas de pele para Adão e sua esposa, conforme Gênesis 3:21. Como um bom batista, nunca forço os textos bíblicos, mas sinto que esse animal sacrificado foi um cordeiro, antecipando o que ocorreria posteriormente por meio de Jesus. No Jardim, Deus inicia sua comunicação profética, descrevendo como tudo aconteceria, ao falar com Adão, Eva e a serpente, já indicando seu plano de redenção da humanidade.

Há estudiosos que afirmam que o que ocorreu no Jardim foi a primeira Ceia da humanidade. E, por falar em Ceia, há algo tão profético que Jesus nos mandou fazer até sua volta? A Ceia do Senhor é altamente profética, e cada celebração traz indicações e simbolismos, como o pão que representa o corpo e o vinho que representa o sangue. Isso é mais profundo do que parece.

Certa vez, estava à margem de um grande rio da minha região, o Teles Pires, para celebrarmos mais um batismo e mais uma Ceia. Sempre ministro uma palavra antes desse ato simbólico que é o batismo nas águas, trazendo ainda mais clareza do que o tempo de discipulado já trouxe. Declarei que o que impede as pessoas de sentar à mesa e cear não é o pecado, mas a falta de discernimento. A religião sempre ensinou que, se estivermos em pecado, não devemos cear. A pergunta é: quando, então, podemos cear? Pois estamos sempre pecando. Que apenas os dignos podem participar da ceia! Quem de nós é merecedor, então? O pecado não deve nos afastar da Ceia; ao contrário, ele deve nos impulsionar a correr para a mesa, para a Cruz, para Jesus. Não podemos repetir o erro de Adão, que fugiu de Deus achando que conseguiria escapar. Também não podemos repetir o erro de Judas, que correu para a religião para devolver as moedas e tentar consertar seu erro. Ele poderia ter ido até Jesus, e tenho certeza de que Ele o teria restaurado, assim como fez com Pedro e os outros discípulos.

Então, pastor Fernando, o que me qualifica para participar da ceia? O apóstolo Paulo nos ensina em 1 Coríntios 11:27-29:

> *"Por isso, aquele que comer o pão ou beber o cálice do Senhor, indignamente, será réu do corpo e do sangue do Senhor. Examine-se, pois, o homem a si mesmo, e, assim, coma do pão, e beba do cálice; pois quem come e bebe sem discernir o corpo, come e bebe juízo para si. Portanto, examine-se o homem a si mesmo, e assim coma do pão e beba do cálice; pois quem come e bebe sem discernir o corpo come e bebe juízo para si."*

Observe que o que preciso é discernir esse ato profético. Não é apenas entender que o pão representa o corpo de Jesus. Para isso, perguntei a uma criança de 3 anos o que o pão significava na ceia. Ela, sem hesitar, respondeu diante de todos: "O corpo de Jesus!" Até uma criança entende isso. Porém, quando Paulo menciona discernir o corpo, refere-se ao corpo da Igreja. Ele expressa isso de forma clara em Romanos 12:4-5, 1 Coríntios 12:12-27, Efésios 4:4, Colossenses 1:18, Colossenses 1:24 e outros textos. Compreender que a igreja é um organismo vivo composto por pessoas é fundamental. Devemos amar e servir a essas pessoas, que são tão imperfeitas quanto nós.

Costumo dizer que a igreja é como a arca de Noé, cheia de todo tipo de gente! Ser igreja exige de mim sabedoria nas relações. Compreender que ser humano é ser humano, e não é errado ser humano, e, apesar de tudo, é persistir! Nas sete cartas de Jesus às igrejas da Ásia, Ele conclui cada uma delas com a expressão: "Ao que vencer!" Quem é o ganhador? São exatamente aqueles que persistem, mesmo diante dos desafios nos relacionamentos, das dificuldades que surgem no convívio da igreja, das panelinhas, dos mimimis, das inconstâncias, dos abandonos, das traições e de outras situações similares, que, apesar de tudo, permanecem. Deus ama aqueles que permanecem.

Sinto um chamado para cuidar de pastores. Fui por quase oito anos coordenador da Regional Médio Norte do estado do Mato Grosso, pela CBN-Convenção Batista Nacional e pela ORMIBAN-Ordem dos Ministros Batistas Nacionais, acompanhando igrejas e pastores. Por isso me relaciono muito com eles, e, nos últimos anos, tem acontecido em muitos lugares, no Brasil e no meu estado, de grandes denominações de renome se instalarem nas cidades, principalmente em cidades grandes e de médio porte. Você não vê eles fazendo isso em cidades pequenas e lugares onde o evangelho não é pregado. Ocorre, então, um grande êxodo de pessoas das igrejas relevantes que já estão nessas cidades a muito tempo desenvolvendo um trabalho sério.

Essas denominações, que mais parecem franquias, organizações, empresas corporativas, sem escrúpulo nenhum aceitam essas pessoas que são movidas por um status, por um nome — talvez até iludidas achando que é uma igreja perfeita —, pelos seus shows e movimentos pirotécnicos, luzes, telões de led, fumaça e tudo mais. São atraídas performance e um grande orador que massageia os egos com uma mensagem de autoajuda, com uma teologia coaching, dizendo o que a pessoas querem ouvir. Como Arão, que não aguentou a pressão e entregou aquilo que o povo queria, eles não o pregam evangelho da cruz, do arrependimento, de negar a si mesmo, de renuncias. Essas igrejas, sem nenhum respeito, com esses líderes focados em lucros em vez de expandir o Reino, não se importam com o sofrimento dos pastores. Esses pastores se esforçam, lutam espiritualmente e oram muito, e agora veem essas pessoas virando as costas. É muito triste e doloroso para quem não entendeu a aliança. Já vivi isso e sei o quanto é doloroso.

Retomando a importância do mover profético, ao ler as Escrituras, fica claro que Deus anseia por esse movimento, especialmente quando ordena a seus profetas que realizem atos proféticos. Há muitos exemplos disso. Isaias, que andou nu e descalço por três anos (Isaías 20); Ezequiel, que enfrentou um grande desafio profético: passou 390 dias deitado sobre o lado esquerdo, voltado para uma maquete de Jerusalém, profetizando contra ela. Não é impressionante? Mas não era só isso; ele precisava fazer suas refeições usando fezes humanas como combustível para prepará-las. Ezequiel argumentou com o Senhor, que lhe permitiu usar esterco de vaca em vez de fezes humanas. Isso pode ser encontrado em Ezequiel 4. Não é simples ser profeta! Durante 40 anos, Jeremias proclamou ao povo de Israel uma mensagem que eles não aceitavam: "a Babilônia irá destruí-los!" Não seria a Assíria, vista por Israel como sua principal adversária. E essa ruína ocorrerá devido à idolatria do povo, que optou por seguir seu próprio caminho.

É nesse cenário, cerca de 600 anos antes de Cristo, no final de seu ministério profético, que se encontra o capítulo 32 de seu livro. Após uma longa vida de angústia, durante a qual profetizou contra o rei de Israel enquanto falsos profetas o contradiziam e perseguiam, ele acaba encarcerado no palácio real. É nesse ponto que Deus se manifesta e informa que um primo de Jeremias virá oferecendo o campo de Anatote, sua cidade natal. O profeta é instruído a adquirir a propriedade, apesar de a profecia indicar que ela seria destruída.

Jeremias confiava em Deus acima de tudo. A terra não valia nada, mas ele ainda assim a comprou. Ele acreditava que Deus iria restaurar aquela terra e confiava no plano do Senhor mesmo sabendo que Nabucodonosor e a Babilônia estavam a caminho:

> *"Certamente o SENHOR Soberano não faz coisa alguma sem revelar o seu plano aos seus servos, os profetas. O leão rugiu, quem não temerá? O SENHOR Soberano falou, quem não profetizará?"* (Amós 3:7-8)

Deus se comunica profeticamente com a humanidade através de seus profetas, e como Ele ama os profetas, gosto muito de uma ministração de Gregório Mcnutt. Ele expressa muito bem o que é um profeta. Olha só o que ele diz:

Uma coisa que tenho aprendido é que os profetas vivem nos altos lugares, porque eles não são feitos para ficar no pé da montanha. O profeta sempre está lidado com o céu, com a glória, com a honra de Deus. Estão preocupados com o coração de Deus. Os profetas são totalmente preciosos. O que o Brasil precisa é a voz profética levantando. Pessoas clamando. Pessoas chorando. Porque o profeta desce do alto lugar e quando ele abre a sua boca é como um trovão. Um leão. Uma leoa. Gritando dizendo assim: "Assim diz o Senhor". E aí vem à palavra do Senhor, proferindo sempre em verdade, valentes pela verdade, valentes pelo lugar Santo onde Deus está. Por incrível que pareça o lugar de achar Deus é em cima da montanha, Ele está aí nos aguardando. E o profeta é exatamente assim. O profeta fala: Eu quero subir onde outros não tem andado, eu quero tocar onde outros não tem tocado meu Senhor. E eu quero abraçar Ele, e falar para ele, eu quero adorar ele como nenhuma outra geração tem adorado ele. O profeta é quem nos precisamos. Por que eles não são da terra, eles são rejeitados totalmente desprezados quando eles vivem. Após da morte todos escrevem louvando e elogiando a vida deles, mas quando eles vivem são rejeitados, totalmente desprezados, por que eles marcham com outro ritmo, eles marcham com uma bateria diferente...

Gregório foi uma referência nessa geração, seu português americanizado era inconfundível, e ele define muito bem um profeta. Uma coisa interessante do profeta, é que ele ama profetizar; ele ama fazer atos proféticos. Me acompanhe no relato seguinte.

No livro de 2 Reis 13, lemos a história do encontro do profeta Eliseu e o rei Jeoás. O profeta já estava doente e velho, enquanto o povo de Israel era oprimido pelos sírios. O rei Jeoás chega chamando o profeta Eliseu de "carros e cavaleiros de guerra". O que rei estava dizendo é que o profeta era mais poderoso do que muitos soldados ou qualquer exército inimigo. Ele está, portanto, reconhecendo o profeta e seu ministério, afirmando sua importância e o quanto é poderoso. Eliseu pede ao Rei que tome seu arco e aljava e, através da sua janela, lance uma flecha na direção dos seus inimigos. Repare que ele está sugerindo um ato natural: era apenas para lançar uma flecha pela janela. O rei assim procede e Eliseu agora pode profetizar o que aquele ato significa no Reino do Espírito sobre a expansão do seu Reino.

Eliseu continua e pede que ele atinja o chão com as flechas de sua aljava. O rei atira uma flecha; atirou duas; atirou a terceira e parou. Essa atitude medíocre do rei deixou o profeta furioso. Eu tenho medo de deixar um profeta irritado. Eliseu desejava que Jeoás fosse intenso nas suas decisões e ações. Ele deveria ir além. Deveria esvaziar todas as flechas de sua aljava diante da palavra do profeta. Ele desejava profetizar a vitória completa de Israel sobre seus inimigos, mas pode liberar apenas três vitorias.

Essa história envolvendo esse rei e o profeta tem vários ensinos. Quero destacar dois, para não sairmos do nosso assunto: (1) O intenso Deus, deseja que sejamos intensos, principalmente no que se refere às coisas do Reino; a igreja precisa ser intensa, ela não pode ser uma igreja eletrônica, mas uma igreja eletrizante, intensa na busca de Deus, do seu Cristo e da presença do Espírito Santo; intensa na oração, intensa na adoração, intensa no amor, intensa no serviço. Intensidade é algo que Deus espera dos seus filhos. (2) Deus nos vê como flechas. Ele, em sua Palavra, nos compara com diversas coisas. Nos compara com árvores, e deseja que demos frutos. Em diversos textos, somos comparados ao perfume.

Em 2 Coríntios 2:15, somos comparados a pedras. Em 1 Pedro 2:5, acredite, Ele chegou a comparar o povo de Israel a um boi, e, em Isaías 1:3, a Jumento. Eu ficaria um pouco chateado se Ele me comparasse com isso. Mas, enfim, ele nos compara com flechas:

> *"E fez a minha boca como uma espada aguda, com a sombra da sua mão me cobriu; e me pôs como uma flecha limpa, e me escondeu na sua aljava; E me disse: Tu és meu servo; és Israel, aquele por quem hei de ser glorificado."* (Isaias 49:2-3)

Em Salmos 127:4, Ele faz uma comparação entre nossos filhos e flechas, dizendo: *"Como flechas na mão de um homem poderoso, assim são os filhos da* mocidade." Além de uma revelação profética do texto, Eliseu, como profeta, demonstra o coração de Deus, que anseia por direcionar todas as suas flechas (você) ao propósito para o qual foram criadas. Ele não deseja deixar ninguém na aljava. Tenho a sensação de que muitos dos que estão lendo estas palavras serão enviados pelo Grande Arqueiro às Nações! Você não é fruto do acaso; Deus te criou com um propósito e tem um objetivo específico para você.

Tudo o que expus neste capítulo visa evidenciar que o Senhor quer que Sua igreja tenha o profético em sua essência. Foi maravilhoso como Papai conduziu minha vida ao ministério; sempre fui muito intenso em tudo que fiz e faço, ainda mais agora nas coisas do Reino. Desde muito jovem, senti um chamado; devia ter cerca de 7 anos quando tive uma experiência com Jesus. Em uma visão, me vi correndo para Jesus em uma praia e o abraçando. Curiosamente, tive essa mesma visão mais duas vezes, mantendo as características da criança que eu era. Sempre fui bastante espirituoso, porém não conhecia o Amado. Iniciei a prática de artes marciais aos 10 anos e me dediquei bastante. Tornei-me professor de capoeira, tive muitos alunos e meu grupo fui um dos melhores do estado. Atuei e dirigi peças teatrais, além de dar aulas de teatro. Também tive uma companhia de teatro que se tornou uma referência, ganhando prêmios em festivais. Quando tinha 23 anos, fiz um curta-metragem e, por vários anos, apresentei a peça "A Paixão de Cristo" na cidade de Sorriso-MT. Sempre fui extremamente dedicado aos personagens que interpretava.

Na segunda vez em que fiz o papel de Cristo, mesmo não sendo cristão, estudei a fundo para ser o mais autêntico possível. Durante meu horário de almoço no trabalho — em virtude de minha casa ser muito distante —, eu comprava uma marmita e ia para a praça para ter tempo de estudar sobre Jesus. A experiência foi extraordinária.

Estava lendo um estudo e uma declaração de um médico francês, Dr. Pierre Barbet, cirurgião do Hospital Saint Joseph de Paris, que realizou uma análise médica minuciosa da morte de Jesus, oferecendo detalhes que nos levam a reconsiderar essa questão sob uma nova perspectiva. Enquanto lia aquele artigo na praça, comecei a sentir a presença Dele dentro e ao meu redor. Senti o Espírito Santo me dando uma sensibilidade inédita ao que estava lendo. Comecei a chorar copiosamente sob uma árvore, e as pessoas que passavam pelo local ficaram surpresas ao ver um jovem orando e chorando daquela maneira.

Compreendi que Deus pretendia me usar muito interpretando Jesus naquela peça. No dia do espetáculo, houve um público de mais de 5 mil pessoas, e presenciei um quebrantamento coletivo como nunca antes na minha vida. Essa experiência acendeu algo em minhas entranhas.

Em 2002, visitei a Igreja Assembleia de Deus em um bairro da cidade de Sorriso. Foi meu primeiro contato com o profético e com a presença intensa de uma pregação fervorosa. Confesso que fui à igreja com certo preconceito e medo, sentando-me perto da porta, pensando que, se precisasse, poderia sair rapidamente. Estava resistente, mas, ao mesmo tempo, curioso. Quando a pregação começou, tive a impressão de que alguém havia contado minha vida em detalhes para aquele pregador, cujo nome eu nem sabia.

Comecei a ficar irritado, especialmente porque ele apontava o dedo indicador para mim. Olhei para a porta, mas sentia como se algo me mantivesse ali. Pensei que fosse medo, mas depois percebi que era um santo temor. No final da pregação, ele apontou para mim e disse: "Ei, você!" Então, fingi que não era comigo. Porém, ele repetiu: "É você mesmo!" Comecei a observar as pessoas ao meu redor, sugerindo que o pregador as estava chamando e não a mim. Também considerei a possibilidade de correr, pois a porta estava a poucos metros de distância. Então ele falou: "Você, de camisa amarela!" Eu tinha ido com uma camisa mostarda que eu não gostava. Ele afirmou: "Você mesmo, tenho uma mensagem para te passar". Então, ele começou: "Deus manda te dizer que você será um grande pregador" (não fazia nem ideia do que era isso; seria alguém que prega pregos? ou alguém que coloca roupas no varal, usando prendedores?). Foi o que me ocorreu. Ele prosseguiu: "Você será um grande conquistador de almas!"

(já estava confuso, fiquei mais ainda) "Deus me mostra você percorrendo todos os cantos do mundo proclamando o evangelho de Cristo. Você verá anjos voando na Igreja e se tornará um grande avivalista nesta geração!" Então ele gritou: "Venha aqui na frente, quero orar por você!" Olhei para a porta novamente, quase decidido a correr. Não havia entendido "bulhufas de nada", mas aquele medo me impediu de fazer isso. Então, fui até o altar para receber aquela oração.

Após esse episódio, retomei minha rotina diária, mas com a sensação constante de estar em um lugar errado e um sentimento de vazio. Mais ou menos um ano depois, em outra igreja, no final de 2003, converti-me a Cristo. A noite da minha conversão foi inesquecível; foi, sem dúvida, a noite em que experimentei mais paz. Nunca havia dormido como naquela noite. O pastor Neto foi muito sábio, e a igreja não me criticou pela minha aparência, por ser capoeirista e ator de teatro, ou por ter cabelo comprido. Ninguém fez comentários a respeito. Pelo contrário, me integraram ao grupo de teatro, me convidando para dirigir uma peça. Assim, fui introduzido ao Corpo de Cristo. Com minha intensidade de ser, comecei a ler as Escrituras com grande paixão. Ganhei uma Bíblia durante o discipulado de batismo, da Magda Mariani, Pastora de Maio, que até hoje considero uma das minhas mães. Hoje, ela me ajuda a discipular os jovens da igreja e é uma bênção nesse período. Como a amo! Li tanto essa simples Bíblia que ela começou a derreter nas minhas mãos. Levava-a comigo para o trabalho, passeios e viagens, e lia de manhã, à tarde e à noite. Faz muito tempo que não vejo uma conversão tão intensa e apaixonada como a minha!

Passei por todo o processo de um novo convertido: fui discipulado, aprendi a orar, a ler e a meditar na Palavra, a ter meu devocional, a me batizar nas águas. Aproximadamente um ano depois, Deus enviou outro profeta para dizer as mesmas palavras que o profeta sem nome havia dito. No entanto, agora eu compreendia tudo e conseguia entender meu chamado e propósito. Foi tudo muito rápido; parecia que Deus estava apressado comigo. Sei que pressa é sinal de quem está atrasado, e Ele é Deus, que não se atrasa nem se adianta. Contudo, sinto um senso de urgência da parte de Abba como nunca antes, tanto comigo quanto com muitos que estão ao meu redor. Sinto isso ao observar a igreja global e a igreja brasileira. Também percebo que Deus está acelerando na sua vida, querido(a) leitor(a).

Três meses após essa palavra profética, já estava no seminário teológico, preparando-me para os estudos da teologia, fazendo amigos e crescendo em conhecimento e graça. Foi na primeira semana de estudos no seminário que recebi o batismo sobrenatural com o Espírito Santo. Já era entusiasmado, mas aí pirei de vez. Como eu amo meu amigo Espírito Santo! Acredito que, se éramos considerados loucos no mundo do pecado para o diabo, devemos ser ainda mais intensos e apaixonados por Cristo após nossa conversão.

Nunca aceitei esse marasmo espiritual que muitos vivem. Em 2008, minha igreja me enviou, junto com um grande amigo, o Pastor João Paulo da Silva, para cuidar de uma congregação em um bairro carente da cidade de Sorriso-MT, chamado Jardim Amazônia. Éramos muito jovens, iniciando nosso ministério e fazendo nosso seminário teológico, extremamente apaixonados por Jesus e pelo doce Espírito Santo. João pregava às quartas-feiras, e eu, às sextas. Nas quartas, eu ia e fazia a introdução do culto e o momento de dízimos e ofertas, enquanto João pregava. Nas sextas, era o inverso. Quando começamos, cometemos muitos erros. Sempre ao final do culto, sentávamos no meio-fio em frente à casa do João para nos corrigirmos. Era muito engraçado, pois as falhas eram diversas e, na maioria das vezes, bastante engraçadas. Havia muitos erros de português. Em uma de minhas pregações, usei a palavra "probrema" diversas vezes. Em outra pregação do João, que falava sobre a filha endemoniada da mulher cananeia, ele se referia à menina como "endemonhada" com total convicção. Era um sarro, mas isso nos fez amadurecer bastante. É maravilhoso ter amigos sinceros, e nessa pequena comunidade experimentamos vivências sobrenaturais. Era apenas o começo, mas o único desejo que tínhamos — e que ainda temos — é ser instrumento de Deus, ser útil para Ele e ter uma relação íntima com o Espírito Santo.

Certa vez, numa sexta-feira, dia em que eu ministrava nessa congregação, eu estava me sentindo muito mal. Não sei como consegui chegar lá, pois estava tão ferido na alma que até respirar doía. Eu não tinha condições de pregar e estava apavorado. Então, uma mulher entrou, toda rígida, sem conseguir se mover direito. Ela estava com a coluna travada e sentindo muita dor. E eu, sangrando por dentro, com medo e sem nenhuma condição humana de estar ali, percebi que é nesses momentos que Ele age, porque não se trata de nós, mas unicamente Dele. Quando conversei com essa mulher, ela me contou o que estava acontecendo, e o Espírito me disse que iria curá-la. Na maior parte do tempo, a voz do Espírito Santo vem de dentro — Ele habita em nós, não se esqueça disso. Eu nunca vou esquecer desse dia. Aquela mensagem foi toda para mim. Entendi porque a Palavra é uma espada de dois gumes: ela fala com quem está sendo ministrado, mas muito mais com quem a prega.

O tema era: Atravessando os desertos da vida. No final, o apelo foi para quem estava vivendo algum tipo de deserto, e pude perceber que eu não era o único. O meu era uma deserto na alma, mas, para outros, era um deserto no casamento ou um deserto financeiro; para aquela mulher, um deserto de enfermidade. Havia um ambiente de quebrantamento: muito choro, Papai nos renovou naquele dia, e quando acabou a oração, pedi para todos voltarem para seus lugares, e perguntei se aquela mulher havia sido curada. Ela declarou que não. Então, pedi para ela permanecer ali na frente; chamei a igreja para me ajudar estendendo as mãos e orar comigo; impus as mãos sobre a cabeça dela e comecei a orar. Era tão inexperiente, que orei de olhos fechados, mas com tanta fé e convicção da voz que tinha ouvido que quando acabei de orar e abri os olhos, essa mulher começou a pular, chorar e gritar que estava curada. Foi um avivamento lindo naquele dia. Foram dois anos naquele lugar, muitos aprendizados, fomos moldados ali.

Quero compartilhar um pouco da história da Igreja de Boa Esperança do Norte, da qual sou pastor há 14 anos. Essa igreja é incrível, e sua história é inspiradora. Você vai adorar conhecer como tudo começou e como ela se desenvolveu ao longo do tempo. Aperte o cinto e venha embarcar nessa jornada!

Em 2009, Deus deslocou um jovem casal, do estado da Paraíba para o Mato Grosso. Primeiro foram para uma cidade vizinha, e depois até um pequenino distrito chamado Boa Esperança do Norte. O nome deles: Adriano Duarte de Oliveira e Amélia Belchior, recém-casados; ele recém formado como engenheiro agrônomo, cheio de sonhos e principalmente cheios de amor e paixão por Jesus, além de um desejo obsessivo de servir o Rei.

Todo começo é desafiador e difícil; tudo nasce pequeno — quem nasce grande é monstro. O 1º culto em sua casa, 5 pessoas; 2º culto em uma fazenda, que é uma referência não só no estado do Mato Grosso, mas na nação brasileira: fazenda Paraguaçu, que quem administra (pois o proprietário é o Senhor) são meus amigos Demétrio Cavlak Garcia e Yara Garms Cavlak. Na ocasião, havia um sonho de crescer e expandir a fazenda. Nesse culto deu umas 10 pessoas. Foi nesse culto que foi ganhada a 1º família para Cristo: meus irmãos Paulinho Vidal e Franciele Kirch, que tinha um filho pequeno, o Carlinhos. Com o objetivo de criar um espaço para reunir filhos e adoradores do Abba, eles conheceram uma família indescritível: Mario Delmondes e Maria Marcionete Vieira Delmondes. Mario é um homem que faz a diferença e vive o propósito de sua existência. Mais do que uma herança para sua família, ele deixa um legado para as gerações futuras. Ele experimentou a paternidade e é um pai de multidões.

Adriano Duarte e Amélia Belchior começam a perguntar aos moradores da comunidade se havia algum homem e mulher de Deus. É então que, pela primeira vez, ouvem os nomes Mario e Marcionete. Após visitá-los, são recebidos calorosamente e praticamente adotados como filhos. Na mesma semana, no dia 21 de setembro de 2009, Adriano e sua querida esposa abrem as portas de sua casa para dar início à Igreja de Boa Esperança.

Sua casa passa a ser um ponto de referência da Glória de Deus, onde o Abba é buscado e adorado, e seu amor e Presença começam a se manifestar. Vigílias eram realizadas no interior dessa simples casa de madeira. Em uma dessas vigílias, o Vento Impetuoso tomou conta do ambiente, e Sr. Mário começou a cantar. Consegue visualizar isso? Sr. Mário está cantando? Ele sempre foi uma pessoa discreta, um homem de poucas palavras. Mas, com uma voz profunda e ressoante, ele cantava e, além disso, cantava bem! Deus age de maneiras surpreendentes! Pessoas foram libertas dentro dessa casa, curadas e salvas, a ponto de as pessoas desejarem um pastor. As Igrejas de Sorriso e Nova Ubiratã, então, começam a alternar o envio de pastores e missionários para pregar a santa Palavra. Você sabe onde? Na residência do Irmão Mário e da irmã Marcionete.

Ao término dos cultos, ele e sua querida esposa ofereciam aos pastores e missionários uma refeição única e incomparável. Ele e ela prestaram homenagem a diversos profetas, missionários, pastores e grandes homens e mulheres de Deus. No dia 15 de junho de 2023, o Irmão Mário foi recebido pelo Senhor. Fico refletindo sobre como foi sua chegada à eternidade, e tenho plena certeza de que foi um momento de grande honra e recompensas verdadeiras. Sim, ele é rico no Céu. Um homem que experimentou grandes livramentos de Deus. Suas histórias eram fascinantes, e uma eu presenciei: em 2013, um trator passou por cima dele. É possível acreditar nisso? Um trator de toneladas passou por cima desse indivíduo.

Ele me contou esse testemunho em lágrimas: quando estava sendo levado de ambulância para Sorriso, a 130 km de distância, teve a sensação de que iria morrer e tudo ao seu redor começou a ficar distante. Ele orou a Deus e, de repente, começou a receber uma massagem cardíaca e a se sentir melhor. Seus sentidos começaram a voltar. A princípio, ele pensou que era a enfermeira, mas, ao olhar para ela, viu que ela estava sentada em um banco no interior da ambulância. Essa enfermeira, membro da igreja, declarou que não fez nenhum procedimento nele. Havia um ser com um véu sobre a cabeça e uma luz em seu rosto. Você acredita nisso? Sr. Mário recebeu massagem cardíaca de um anjo! A vida do Sr. Mario tinha valor? Questione centenas de indivíduos em uma cidade do interior do Mato Grosso. Questione centenas de pessoas que foram salvas e cujas vidas foram mudadas pelo evangelho de Cristo. Pergunte a muitos casais que conseguiram restaurar seu casamento. Questione diversas crianças que recebem cuidados? Ele costumava afirmar: "Não vou morrer antes de ver essa igreja construída!" A igreja que ele idealizou é a igreja da cidade, um modelo tanto local quanto para todo o estado do Mato Grosso, e que tem impactado países. Tudo porque um dia esse homem, junto com sua incrível esposa, abriu a porta de sua casa e disse sim a Deus.

Agora só nos resta a saudade e a certeza de que um dia nos reencontraremos. Acho que meu encontro com ele será assim: talvez ele esteja sentado em uma cadeira, com as pernas cruzadas, olhar meigo e profundo, e dirá, com uma voz grave e rouca: "Pode entrar!" Então, como sempre fazia, levantará lentamente e me beijará. Tive a honra de ser o pastor de um dos homens mais extraordinários que já existiram.

Até então a igreja era formada por 3 famílias, e uma frequência de umas 10 pessoas nesses encontros em uma simples casa de madeira. Esses encontros foram se consolidando, tendo assistência da igreja de Sorriso, 130 km, e de Nova Ubiratã, 74 Km. Um ano depois, eles, impulsionados pelo Espírito Santo, sentiram a necessidade de ter um local, para que pudessem expandir a influência, e ter um espaço para ser chamado de igreja, com a necessidade de um pastor para cuidar, não só dessas famílias mas da comunidade. É lindo como Deus vai direcionando e guiando tudo.

Depois de muitas orações, e de muita procura por um lugar, eles acharam um prédio que foi uma antiga padaria. O local estava bastante danificado, e com apoio da igreja de Sorriso, e com a ajuda de irmão da cidade vizinha, foi feito uma pequena reforma, e, no dia 18/12/2010, foi o primeiro culto oficial como uma congregação. Nessa ocasião, eu estava terminando o seminário. Nesse dia, meu pastor Neto, que estava conduzindo o culto, mencionou que eu e minha esposa estávamos ali espionando a terra. Naquela época, a comunidade carecia de infraestrutura, como asfalto, creche, correio, praça e meios de comunicação. Havia apenas orelhões em dois locais, e tudo era muito difícil e bastante isolado. Porém, o reitor do seminário, pastor Afrânio Leigue, costumava dizer: "Se Deus te mandar para um lugar que não tem nada, não se preocupe! Pode ir! E as coisas virão atrás de você!".

Eu atuava como conselheiro tutelar, recebendo um salário razoável. Minha esposa, por sua vez, havia acabado de receber uma proposta para trabalhar no escritório de contabilidade dos seus sonhos, o maior da cidade de Sorriso. Foi então que meu pastor me convocou para assumir a igreja em Boa Esperança do Norte. Não somos motivados por dinheiro. Quando eu e minha esposa nos casamos, a primeira coisa que fizemos ao chegarmos em nosso pequeno lar foi nos ajoelhar na sala e fazer uma oração: "Senhor, dissemos sim ao nosso chamado, mas não queremos ser pastores comuns. Queremos experimentar o sobrenatural em nosso ministério. Além disso, não queremos ficar pedindo dinheiro a ninguém, como muitos fazem, em nome de Jesus! Amém!" Papai tem atendido a essa prece.

No entanto, a prebenda oferecida pela igreja por meio do pastor Neto era inferior à metade do nosso orçamento familiar. Mesmo sem muita maturidade na época, sempre tive muita fé. Nós, maridos, sabemos como nossas esposas ficam inseguras quando se trata de dinheiro. Havia em minha esposa a crença de que ser pastor significava enfrentar dificuldades. Para ajudar um jovem pastor, dei um testemunho que chamei de "tristemunho", no qual ele só conseguiu sobreviver porque havia um pé de manga no fundo da igreja. Minha esposa quase desistiu nesse momento. Ela pensava que acabaríamos passando por fome e privação como pastores. Quando mencionei a ideia de nos mudarmos para Boa Esperança e qual seria nossa prebenda pastoral, ela ficou bastante apreensiva. Fui orar e, após isso, disse a ela: Vamos nos entregar ao Pai! Cerca de dois dias depois, enquanto eu estava no trabalho, ela me contou que estava no quarto passando roupa quando a televisão da sala ligou sozinha e, além disso, começou a aumentar o volume. Isso a fez interromper o que estava fazendo e ir até a sala para ver o que estava acontecendo. Na televisão, o missionário RR Soares estava ministrando e começou a apontar o dedo, dizendo: "Deus manda você ir! Não tenha receio! Ele me pede para te dizer que não te faltará nada, pois Ele sustentará todas as coisas! Que se encarregará de todos os pormenores!".

Ao chegar em casa, encontrei-a em lágrimas. Entre soluços, ela me disse: "Pode dizer sim ao pastor; nós iremos para Boa Esperança do Norte." É incrível o quanto Deus foi minucioso em seu cuidado conosco. Quando acabava o ovo, nós já nos preocupávamos, mas, no dia seguinte, alguém aparecia na nossa porta com bandejas de ovos, dizendo: "Pastor, senti de Deus de trazer esses ovos para vocês!" Isso ocorria quando as frutas se esgotavam e especialmente com os pães, que estavam sempre fresquinhos e muito saborosos. Viver em um lugar assim torna difícil encontrar produtos frescos e de qualidade, além de serem extremamente caros. Observávamos a atenção paterna de Deus em cada detalhe.

No início de fevereiro de 2011, mesmo residindo em Sorriso, iniciamos o pastoreio dessa comunidade no distrito de Sorriso. Realizávamos a viagem de 130 km para cuidar das pessoas da comunidade uma ou duas vezes por semana. Frequentemente, íamos aos sábados e ficávamos para o culto no domingo, aproveitando a oportunidade para realizar visitas e atendimentos pastorais. Há um acontecimento notável: chegamos de Sorriso e fomos à casa do Adriano e Amélia. Quando faltavam cerca de 30 minutos para o início do culto, o tempo mudou e um forte temporal começou. Nos primeiros cinco minutos de chuva, a energia acabou e tudo ficou completamente escuro. Pensei comigo: "Poxa, que pena, ninguém foi ao culto. Rodei mais de 100 km e perdi a viagem! E faça chover". Disse ao Adriano e à Amélia: "Vamos à igreja, orar e depois voltar para casa.

Ao chegarmos à igreja, fiquei surpreso ao ver cerca de 15 pessoas naquele cenário escuro e tempestuoso. Entramos, e uma dessas pessoas acendeu um farolete, apontando-o para o teto, enquanto uma vela queimava no púlpito. Comecei a pregar. Até hoje me recordo da mensagem que preguei sobre a crucificação de Cristo. Havia uma doce presença do Espírito, que provocou um grande quebrantamento, e muitos choravam. Mencionei que Jesus não aceitou o vinho misturado com mirra, conforme Marcos 15:23 (um alucinógeno oferecido pelos soldados romanos como um ato de misericórdia para amenizar a dor e evitar que o condenado reagisse muito durante a crucificação, facilitando o processo para os soldados). Jesus optou por enfrentar aquele momento de intenso sofrimento de forma lúcida, sem qualquer tipo de entorpecente em seu corpo. Apliquei essa mensagem às nossas vidas, e, naquele instante, um homem alcoólatra que se encontrava nos fundos, na escuridão, começou a chorar e a gritar: "Deus está falando comigo! Deus está se comunicando comigo!" Naquele dia, cinco pessoas se entregaram a Jesus, o que representou um grande avivamento.

Em Boa Esperança do Norte, sempre foi difícil encontrar uma casa para alugar, e isso ainda persistia. Os irmãos e eu começamos a orar e a buscar uma casa para alugar, para que pudéssemos nos mudar para lá. Certa vez, ao caminhar pelas ruas, chegamos à última rua, e à última casa, que um senhor muito simpático chamado Armando estava lavando. Ele nos informou que estava alugando o imóvel. No dia 20 de abril de 2011, mudamo-nos para Boa Esperança do Norte. Quatro dias depois, no dia 24 de abril, o pastor Neviton Martins, da cidade de Sorriso, nos deu posse como pastores da igreja.

Agora éramos eu, minha esposa e duas crianças pequenas, além do Todo-Poderoso Deus e Pai, isolados e com pouca comunicação, limitados humanamente e sem muitos recursos financeiros. Estávamos repletos de imaturidade, mas com um fervoroso desejo de transformar toda essa situação e trazer a Glória de Deus para aquele lugar.

O clima dessa pequena comunidade era opressivo, e a presença das trevas era intensa. Nossos corpos físicos sofriam muito; às vezes, nossas energias físicas se esgotavam. Não há como explicar. Os confrontos com o reino das trevas eram frequentes. Quase sempre que orávamos por pessoas, elas acabavam possuídas. Lembro-me de uma ocasião em que fui chamado para orar em uma casa, onde depois descobri que a mulher era feiticeira. Adriano estava comigo. A mulher ficou possessa, e expulsamos aquelas entidades malignas dela antes de voltarmos para casa. Despertei durante a noite com uma sensação de peso sobre mim e não consegui me mover; foi angustiante. Tentei avisar minha esposa para que ela orasse por mim, pois não conseguia falar. No entanto, não sabia que ela também estava paralisada. Comecei a clamar por Jesus em meus pensamentos, até que, como se rompesse uma represa, sentei-me na cama e gritei: Jesuuuusssss!!! Foi como se uma nuvem negra deixasse o quarto com uma rapidez nunca vista antes. Fiquei bastante ofegante. Orei com minha esposa, mas a sensação que eu tinha era de que esses demônios permaneceram ao redor da casa durante a noite e madrugada inteira. Os cachorros ficaram latindo o tempo todo, e quase não conseguimos dormir.

Foi nesse período que começamos a agir de forma profética, mesmo sem compreender completamente. Iniciamos orações ao redor do distrito e, em todos os pontos, profetizávamos sobre a comunidade. Lembro-me de que, nas primeiras vezes em que oramos pela vila, era meia-noite. Estava eu, minha esposa e o casal de fundadores da igreja, Adriano e Amelia. Oramos na entrada do distrito e, no segundo ponto, onde havia uma represa semelhante a um lago, havia uma forte opressão diabólica. No espírito, entendemos que aquele era um local onde muitas feitiçarias eram praticadas. Após orar ali, seguimos para o terceiro ponto, na parte superior. Com os vidros do carro abertos e as mãos estendidas em intercessão, senti algo pressionando minha cabeça. Nesse momento, Adriano travou a mandíbula e, no meio de um "Glória a Deus", deixou escapar quase um gemido. Nossas esposas, no banco de trás, ficaram em silêncio. Realmente, aquele foi um período tenebroso.

Certa vez, Deus inspirou minha esposa a derramarmos suco de uva nesse lago. Marcamos mais uma vez para orarmos nos quatro cantos e derramarmos o suco. Curiosamente, naquele dia não havia asfalto e era época de seca. Boa Esperança do Norte é cheia de poeira — bem cheia de poeira! Você não tem ideia, é muita poeira mesmo. Uma vez, um amigo comentou com outra pessoa sobre onde eu morava e disse: "Você vai andando, andando, e de longe vai avistar uma bola de poeira. É ali que o Fernando mora!" E é nesse lago que o caminhão-pipa abastece para molhar as ruas da comunidade e tentar reduzir a poeira. O incrível é que, ao fazer isso, ele levou a água com a qual tínhamos derramado o suco de uva e profetizado. O extraordinário foi que a vila inteira ficou com o cheiro de suco de uva por vários dias.

Anos mais tarde, aprendi que o shofar (do hebraico רפוש) é um dos instrumentos de sopro mais antigos. O shofar não emite sons suaves como o clarim moderno, a trombeta ou outros instrumentos de sopro. Para os judeus, ele não é apenas um instrumento musical, mas um objeto sagrado e espiritual, frequentemente mencionado nas Escrituras. Comprei um shofar e também íamos aos cantos da vila para orar e tocá-lo, invocando a Glória de Deus sobre aquele lugar. Isso foi feito várias vezes. À medida que a igreja crescia, começamos a trazer mais pessoas. Em uma ocasião, fizemos isso por sete dias, com diferentes ministérios da igreja: um dia para os homens, outro para as mulheres, crianças, jovens e adolescentes, além do ministério de louvor e intercessão. No último dia, reunimos toda a congregação, totalizando cerca de 100 pessoas.

Durante essas visitas à região, Deus me falou sobre a emancipação de Boa Esperança. Comecei a orar e a profetizar que o que era considerado distrito, vila e gleba se tornaria uma cidade. Aos olhos das pessoas, isso era uma loucura. Muitos me chamavam de maluco e achavam que eu estava delirando: "Esse pastor deve fumar maconha!". Ainda mais do que em 2014, quando a presidente Dilma Rousseff vetou integralmente o projeto aprovado pelo Congresso para a criação de novos municípios (PLS 104/2014 – fonte: Agência do Senado). De fato, era impossível, mas o Senhor colocou em mim uma convicção que nem consigo explicar. Então, Abba começou a enviar profetas para confirmar o que estava fluindo de mim. Em um dos primeiros cultos na fazenda, uma profetiza proclamou isso para cerca de 500 pessoas que estavam presentes naquele momento.

Em uma ocasião, o subprefeito e um de seus administradores me convocaram para orar. Pediram que eu mantivesse em segredo, mas que eu estivesse orando. Eles planejavam seguir um caminho pouco usual para a emancipação de Boa Esperança do Norte, por meio da via judicial. Orei com eles e começou uma mobilização a favor disso. Poucas pessoas estavam cientes, e, em minhas orações secretas, eu frequentemente lembrava Deus de Sua promessa. Certa vez, visitei uma família que havia perdido um filho. Conversamos sobre vários assuntos para tentar tirá-los um pouco do luto. Comentei sobre a emancipação e perguntei o que achavam. Eles me responderam: "Isso nunca vai acontecer, pastor! É inviável!" E eu perguntei a eles: Sabe por que vai acontecer? Porque Deus prometeu que o fará!

Apenas para contextualizar a história do mais recente município brasileiro, Boa Esperança do Norte foi criado, mas não instalado, por meio da Lei n.º 7.264, de 29 de março de 2000. No entanto, havia um Mandado de Segurança proveniente de uma cidade vizinha que se opunha à cessão de parte de seu território para que Boa Esperança pudesse se tornar uma cidade. Sempre acreditei que o principal obstáculo a isso era a cidade de Sorriso, por ser a capital do Agronegócio. Uma pesquisa indica que 3% dos grãos produzidos no mundo vêm dessa notável cidade mato-grossense, e apenas essa cidade brasileira produz mais do que a França. Isso é notável. Até aquele momento, o distrito de Boa Esperança estava incluído nesse montante, e eu acreditava que Sorriso estava lutando contra a emancipação, correndo o risco de perder o título de Capital do Agro. No entanto, era a cidade de Nova Ubiratã que estava batalhando para manter sua porção de território.

Veja como é importante um ato profético! No dia, ocorreu a emancipação da igreja, momento em que ela deixou de ser uma congregação e se tornou uma igreja. Talvez você, pastor, esteja lendo isso, mas esse ato não é apenas físico e natural; ele carrega uma mensagem poderosa no Reino Espiritual. Não só a percepção muda no mundo físico, como outras igrejas e pastores começarão a ver a igreja de forma diferente a partir desse ponto. Os membros e a comunidade também perceberão essa mudança no espiritual. O Reino de Deus começará a enxergar a igreja como madura, e à maturidade é concedida mais responsabilidade, autoridade, recursos e unção. Somente os maduros sabem lidar com isso, e é por isso que Deus anseia pela maturidade de todos. "Portanto, deixemos os ensinos elementares a respeito de Cristo e avancemos para a maturidade" (Hebreus 6:1-3). No entanto, o reino das trevas também começará a ver a igreja de forma diferente; a igreja, com esse ato profético de emancipação, entra em uma nova fase. E nós vivenciamos isso. E durante a festa de emancipação, afirmei que, da mesma forma que a igreja estava sendo emancipada, Boa Esperança também o seria!

Comecei a solicitar a todos os profetas que encontrava que liberassem esse propósito. Um dos momentos mais significativos foi com o pastor Luiz Hermínio do ministério MEVAM de Itajaí, Santa Catarina. Ele veio ao Mato Grosso, na cidade de Nova Mutum, em setembro de 2022. Veja o que ele declarou: "Glória a Deus! Boa Esperança do Norte! É isso mesmo, pastor Fernando?" (eu respondi: sim!) "O versículo 1 Coríntios 15:58 diz: 'Sede firmes e constantes, sempre abundantes, porque no Senhor o seu trabalho não é em vão!' Boa Esperança do Norte, que você se desligue da Terra e se conecte com o Céu, com o Senhor, e que venha uma emancipação, tanto física quanto espiritual, para a Glória de Jesus Cristo. Amém!" E eu declarei:" Amém, Amém!" Esse momento está registrado no meu Instagram @prFernandoperboni.

Em 09 de junho de 2020, o Tribunal Regional Eleitoral (TRE-MT) decidiu pela emancipação e convocou eleições para Boa Esperança. Isso ocorreu uma semana após minha conversa com a família que havia perdido um bebê. Foi ótimo ligar para eles e dizer: "O que eu disse para vocês? Deus é leal!" Foi uma celebração, uma festa, realizamos uma carreata, fogos de artifício, e todos ficaram repletos de esperança. Porém, até onde eu sei, a cidade de Nova Ubiratã, por meio de seu departamento jurídico, entrou com 81 liminares, e o STF (Supremo Tribunal Federal) analisou uma delas e manteve o mandado de segurança.

Recordo que, no culto após esse episódio, todos estavam muito desanimados, mas eu afirmei que não deveríamos perder a fé na promessa de que a emancipação ocorreria, pois Deus é fiel em cumprir o que prometeu. O que aconteceu foi apenas uma batalha perdida, mas a guerra continuaria.

O conflito judicial estava sendo julgado no Supremo Tribunal, enquanto a igreja permanecia em oração. Após décadas de espera, no dia 6 de outubro de 2023, a localidade com aproximadamente 7 mil habitantes finalmente obteve autonomia administrativa e política. Essa confirmação foi resultado de uma decisão do Supremo Tribunal Federal (STF), que votou a favor com 8 votos e 3 contras. Boa Esperança do Norte tornou-se a 142ª cidade de Mato Grosso, sendo também a mais nova cidade do Brasil. Atualmente, Boa Esperança é uma das regiões mais promissoras do Brasil, com um enorme potencial, especialmente no setor agro.

Em setembro de 2024, realizei um benchmarking com diversos pastores brasileiros em Miami, EUA. Durante essa viagem, fiz um tour pelas igrejas, conhecendo os bastidores e os ministérios, além de estabelecer conexões com pastores e igrejas. Tive a oportunidade de conhecer muitas pessoas e diversas igrejas, incluindo americanas, espanholas e brasileiras. Foi uma viagem bastante produtiva. Em uma dessas igrejas, a *Coastal Community Church* (o pastor sênior é T.J. McCormick, que tem grande apreço pelos brasileiros), conheci o pastor Gustavo Bessa. Esse momento foi profético em minha vida; era a segunda vez que eu estava nos Estados Unidos e sentia que estava em um ambiente profético. Pedi a ele que liberasse uma palavra sobre a mais nova cidade de sua nação. Veja o que ele profetizou:

Não há maneira melhor de começarmos a ver o nascimento de uma cidade do que orando por esse lugar. É o que faremos agora: orar por Boa Esperança do Norte. Então, se você puder, vamos orar juntos, consagrando essa nova terra ao Senhor. Pai, o Senhor está permitindo o surgimento dessa nova cidade, Boa Esperança do Norte. Desde já,

Oh Deus, pedimos que a Tua bênção recaia sobre esse lugar. Que haja prosperidade nesta terra e nas famílias que aqui vivem. Que haja alegria, Oh Deus, e que haja paz nos lares. Que os relacionamentos sejam saudáveis, assim como os casamentos e as relações entre pais e filhos. Oh Pai, que nunca falte trabalho para os habitantes desta terra e que eles vejam seus recursos se multiplicarem. Que eles testemunhem o crescimento dessa cidade e reconheçam que esse progresso e essa prosperidade são frutos da bênção do Senhor Jesus! Ó Deus, que os corações se voltem para Ti. Que em todo momento, ó Deus, todos saibam, proclamem e reconheçam que Jesus é o Senhor desta cidade, Jesus é o Senhor de Boa Esperança do Norte! Pai, esta é a prece que Te dirigimos aqui, em nome de Jesus! Amém! (Esse momento também foi registrado no Instagram).

Como cidade, estamos enfrentando muitos desafios, pois estamos apenas começando e ainda não temos estruturas públicas; as secretarias estão sendo formadas e tudo está começando. No entanto, estamos muito animados e tem sido emocionante. Não tenho dúvida de que isso não se deve a uma força humana ou habilidade. Muitas pessoas lutaram por isso, mas o que tornou o impossível possível foi o plano e a promessa de Deus, além de uma igreja que compreendeu isso no espírito e se moveu profeticamente para que pudéssemos chegar onde chegamos. Glória ao Senhor!

Agora veja isso! Que absurdo! Já compartilhei um pouco sobre o início da igreja. Estávamos em um pequeno salão alugado, e embora houvesse uma expectativa de crescimento, aquele espaço se mostrava um obstáculo. No entanto, apesar de sua dimensão reduzida, era acolhedor e bem organizado. Por ser pequeno, era fácil de cuidar e manter em ordem, e conseguimos deixar tudo bonito nos detalhes. Havia cultos em que parecia que estávamos em uma aeronave da TAM, todos muito próximos uns dos outros. Aquele lugar comportava cerca de 50 pessoas, mas havia cultos com 90 a 100 pessoas. Eu adorava isso, mas Deus colocou em meu coração que precisávamos nos expandir. Então, começamos a buscar outro salão, mas nada funcionava. Estávamos dispostos a pagar até o dobro do que pagávamos naquele pequeno espaço onde já estávamos. Tentamos em muitos lugares, mas sem sucesso. Em uma ocasião, fui à cidade de Sorriso para conversar com o proprietário de um grande salão, mas ele pediu cerca de dez vezes mais do que pagávamos no nosso. Tivemos a chance de adquirir um salão que pertencia a uma cooperativa, semelhante a um banco. Eles construíram um novo espaço e fizemos uma oferta, mas acabaram vendendo para outros com um valor um pouco maior. Se tivessem nos informado, poderíamos ter coberto essa proposta, mas tudo isso foi feito pela fé. Havia cerca de 10 famílias simples que eram membros dessa pequena, mas significativa igreja para o Senhor. Quando isso aconteceu, percebi que Deus não desejava que deixássemos aquele local, mas, sim, que construíssemos nosso próprio espaço de adoração.

Sem dinheiro e sem recursos humanos, éramos apenas um pequeno grupo, e Deus colocou um grande sonho em meu coração, que se tornou o sonho daquele pequeno grupo. Nem sempre fui um homem visionário, talvez por ter tido uma infância muito difícil. Minha mentalidade era restrita, e meu sonho era comer uma caixa de chocolate Bis sozinho. Quando consegui, tive uma dor de barriga terrível. Após nosso casamento, minha esposa costumava orar enquanto eu dormia.

Em várias ocasiões, acordei e a vi fazendo isso, orando e profetizando para que minha mente miserável fosse transformada em uma mentalidade de Cristo. Ela afirma que Deus a ouviu e que, agora, não consegue mais me acompanhar. Sempre imaginei que começaria a igreja sob um pé de manga, usando tocos de madeira como bancos. Quando nos mudamos para Boa Esperança, fiquei muito animado. Mesmo estando em um pequeno salão, era bem diferente do que minha mente limitada havia concebido. De fato, Abba ouviu as palavras proféticas que minha esposa pronunciou sobre mim durante todas aquelas noites.

Se você me pedisse para explicar, eu não saberia como, mas, de forma milagrosa e sobrenatural, adquirimos três terrenos de 15x30m. Curiosamente, eu sempre olhava para aqueles terrenos e pensava: "Aqui a igreja ficaria linda!" Esses lotes estavam localizados em frente à casa onde eu residia. No entanto, à medida que minha fé estava sendo fortalecida, eu considerava os terrenos mais afastados da cidade, pois eram mais acessíveis. E o Deus maravilhoso me surpreendeu ao nos conceder esses terrenos. Isso foi incrível.

Houve um momento em que minha mente estava em ebulição. Deus me falou de uma forma poderosa. Eu estava dormindo e acordei com uma voz interior me questionando: "Quantas pessoas você gostaria de pastorear neste lugar?" Levantei-me imediatamente. Naqueles dias, eu lia um livro intitulado *A Mega Igreja*, com o subtítulo "Como Fazer Sua Igreja Crescer", de Dag Heward-Mills, pastor de uma das maiores igrejas em Gana, na África. O autor apresenta 25 motivos pelos quais um pastor ou líder deseja uma mega igreja, defendendo a importância de sonhar e aspirar a ser uma grande igreja. Dag Heward-Mills também é autor de diversos livros, entre eles o best-seller *Lealdade e Deslealdade*. Recomendo essas duas obras a todos os pastores e líderes.

Há uma citação dele no livro *A Mega Igreja*, que eu havia acabado de ler, dizendo: "Um pastor que não pensa e se projeta para pelo menos 10% da sua localidade é um pastor ou líder medíocre." E, em resposta à pergunta que me fez despertar tão profundamente, com a informação recém-lida, fiz um cálculo rápido. Naquele período, muitos diziam que Boa Esperança tinha 5.000 habitantes. O cálculo era simples, e minha resposta foi imediata: "quinhentas pessoas, Senhor!" E Ele me respondeu: "Então construa uma edificação para quinhentas pessoas!" Apenas isso. Depois disso, demorei a dormir, mas uma coisa eu sabia: eu tinha uma palavra, uma direção, e agora estava convicto. Isso foi incrível.

Iniciei o projeto da igreja com um engenheiro, que me olhou e afirmou: "Você é louco; para começar, precisará adquirir pelo menos mais um terreno." Saí daquele escritório triste. Mas, não sei como — e não me pergunte, pois humanamente não sei explicar —, alguns meses depois, adquirimos outro terreno. E então?

Toda construção exige uma quantidade significativa de recursos financeiros, e isso é um fato conhecido. Eu me vi diante de um grande desafio: uma pequena comunidade, uma pequena igreja, poucas pessoas, sem recursos. No entanto, aprendi uma lição importante: quando Deus nos convoca para algo, nunca estaremos preparados espiritualmente, emocionalmente ou financeiramente. É justamente nesse ponto que você percebe que é Deus chamando você para cumprir um propósito Dele.

A maior crise da nossa geração é a ausência de referências. Já expressei isso e ouvi muitos dizerem, inclusive nos púlpitos: "Não olhe para homens, eles são imperfeitos; olhe apenas para Jesus!" Assim como eu, você provavelmente já disse isso a pessoas que foram feridas em relacionamentos dentro da igreja ou por causa de erros de algum líder. No entanto, isso não é certo. O apóstolo Paulo incentivava as pessoas a olharem para ele. Em sua primeira carta aos Coríntios 11:1, ele disse: *"Sede meus imitadores, como também eu de Cristo."* Devemos nos afirmar e dizer como Paulo: "Olha para mim! Olha como está a minha vida! Olha para a minha união! Observe como é minha vida com Deus! Olha para a minha situação financeira!" Precisamos urgentemente, como igreja e verdadeiros cristãos, ser uma referência de caráter, de integridade, de ética, respeito, de amor, de temor, de santidade, de uma vida de intimidade e uma referência de adoração.

Eu tenho algumas referências na minha vida. Na adoração, eu tenho o pastor Antônio Cirilo como um. Quantas vezes "chapei o coco" ouvindo os louvores sendo ministrados por ele; quantas madrugadas em oração ouvindo-o! Quando ouvi dizer que ele estaria na cidade de Sinop em uma inauguração de um templo da Igreja do Evangelho Quadrangular, eu não pude perder a oportunidade de estar pessoalmente com ele. Naquela época, tínhamos um carro Uno, desses quadradinhos, com um apelido carinhoso de tratorzinho. Esse carro é demais. Enchi de jovens e fomos, cerca de 210km. Quando cheguei na igreja, escutei que aquela construção havia sido feita em 90 dias. Fiquei impressionado com a estrutura e com a rapidez com que ela foi concluída. O culto começou, e que festa tremenda, que unção! A adoração sem dúvida atrai a Gloria para o ambiente. Foi um renovo para mim.

Ao final do culto, em vez de procurar minha referência, dirigi-me diretamente ao pastor que Deus usou para fundar aquela casa de oração. Não me recordo do nome dele, mas expliquei que possuía os terrenos e que precisava iniciar, embora não soubesse como. Pedi, então, que ele orasse por mim e concedesse aquela mesma graça sobre minha vida. Ele começou a orar, e, de repente, aquele pastor foi tomado pelo Espírito e começou a orar em línguas. Senti uma unção nos envolvendo e, com uma autoridade diferente, ele começou a falar: "Deus manda te dizer: coloca o primeiro tijolo, e você verá o que vou fazer. Eu sou Deus na tua vida!" Chorei desolado. E, mais uma vez, senti uma certeza que sabia que não era minha, pois eu não tinha nem dinheiro para comprar um tijolo. Como mencionei, estava sendo moldado por Deus, e tudo era novo e diferente para mim. Retornei da viagem, deixei os jovens em suas casas e fui em busca de encontrar um tijolo nas ruas, pensando: "Quem sabe eu encontre um tijolo abandonado por aí!" Encontrei o tijolo, coloquei no carro e fui até o terreno. Era por volta das 2 da manhã. Eu estava cansado, então abri a janela do carro e, de dentro do veículo, joguei o tijolo e disse: "O Senhor pediu um tijolo, aqui está o tijolo!" O tijolo rolou sobre o mato e entrou no terreno. E fui para casa, que estava situada em frente ao terreno.

Hoje, compreendendo o poder do profético e como Abba deseja que nos movamos nele. Eu jamais agiria daquela forma. Foi quase um desrespeito; sinto que fui petulante com Papai. No entanto, Ele conhece nosso coração. Hoje, agiria com mais cuidado, pediria orientações sobre como proceder, colocaria o tijolo, talvez derramasse óleo de unção, oraria sobre o significado do ato. Enfim, faria tudo de maneira diferente. No entanto, um mês depois, a obra começou e nunca mais parou. Inclusive, estamos reformando todo o prédio neste momento, com uma nova pintura. Como atos proféticos são poderosos!

Antes de escrever estas últimas linhas, fiz meu devocional. Nos últimos dias, tenho lido o livro de Neemias. Deus levanta Neemias para restaurar Jerusalém, especialmente seus muros. Neemias é um exemplo de temor, liderança e integridade. No capítulo 5, ele ouve algo que o deixa muito irritado: os judeus estavam explorando seus irmãos, cobrando juros altos, confiscando suas terras e até escravizando os filhos de seu próprio povo. Neemias reúne essas pessoas e as repreende, lembrando-as de que devem andar no temor de Deus. Ele exige que devolvam as terras, as vinhas, os olivais e as casas. O que é a autoridade na vida de um homem? Eles afirmam que cumpririam exatamente o que Neemias solicitava. Então, Neemias convoca os sacerdotes e os faz jurar diante deles. Surpreendentemente, Neemias realiza um ato profético. Veja o que o versículo 13 afirma:

> "Depois, sacudi as dobras de meu manto e disse: 'Que Deus assim os sacuda de seus lares e de suas propriedades se vocês não cumprirem o que prometeram! Que fiquem sem absolutamente nada!'. Toda a comunidade respondeu: 'Amém', e louvaram o Senhor. E o povo cumpriu o que havia prometido" (Neemias 5:13).

Duvido que alguém tenha se recusado a fazer o que ele pediu, especialmente após esse ato.

A princípio, a construção do templo em Boa Esperança foi sobrenatural em todos os aspectos. Eu pensava que tinha fé em Deus, mas quando comecei a fazer os orçamentos dos materiais de construção e eles começaram a chegar até mim, entrei em desespero. Confesso que nunca tinha visto tantos números juntos em um só lugar. Senti dor de barriga, medo, suor frio, minhas pernas ficaram moles. Foi uma mistura de emoções, e tudo aquilo apenas me mostrou uma coisa: eu não confiava no Senhor. Durante 15 dias, comecei a orar constantemente, sem compartilhar o que estava sentindo ou vivendo: "Deus, me ensina a confiar em Ti!" Então, Amélia se aproximou de mim e disse: "Pastor, Deus me manda te dizer que não é para você se preocupar com os números, Ele vai prover tudo!" E como Ele realizou isso!

Não quero mencionar os nomes dessas pessoas, pois sei que elas não gostariam e ficariam bravas comigo se eu fizesse. No entanto, algumas pessoas ofereceram uma casa que possuíam na cidade de Sorriso, outras ofereceram um carro, e uma jovem ofereceu uma moto. Uma mulher que amo muito havia economizado dinheiro para comprar uma cozinha planejada, seu sonho. Naquela semana, Deus falou com ela para destinar essa quantia à construção da Casa de Oração para as Nações. Houve muitas ofertas. Deus agiu e as pessoas obedeceram. Foi maravilhoso e inspirador. Atualmente, a igreja é o edifício mais moderno e bonito de Boa Esperança, com mais de 1.500 metros quadrados de área construída. Sua fachada é completamente envidraçada, e há uma praça encantadora ao seu lado.

Há algo profético nesta praça, tantos testemunhos que minha mente fica quase sobrecarregada. No início do meu ministério, eu tinha muito receio de ofender as pessoas, medo de que elas deixassem a igreja — coisas desse tipo. Sentia-me muito como uma ovelha, sem inspirar autoridade, nem mesmo pastoral. Era muito amoroso, e muitas vezes um amor sem limites, e isso não é um verdadeiro amor: *"pois o Senhor disciplina a quem ama, e castiga todo aquele a quem aceita como filho"* (Hebreus 12:6). Eu realmente era muito submisso. Uma vez, minha esposa me disse: "Você precisa ser mais leão!"

Em 2014, pela primeira vez, tirei férias com minha família após minha ida a Boa Esperança. Fomos para Santa Catarina, visitamos o Beto Carrero World e aproveitei para participar do culto de Primícias no Mevam em Itajaí, igreja do Pastor Luiz Hermínio. Esses cultos são tradicionais lá. Ao chegar à igreja, encontrei uma barraca com um pastor nada convencional que personalizava Bíblias com couro. Ele fazia desenhos muito legais, deixando as Bíblias únicas. Pedi a ele que desenhasse um leão na minha bíblia, e ele me perguntou: "Como você quer esse leão?" Eu disse: Permita que Deus te use! No dia seguinte, quando retornei ao culto, nem consegui reconhecer minha Bíblia. Que incrível! Ele desenhou um rosto de leão, escreveu Leão de Judá e colocou meu nome na lateral. A partir desse momento, comecei a incorporar a imagem do leão em minha vida por meio de quadros, figuras, bonecos etc. Isso trouxe uma força espiritual à minha vida. Hoje em dia, quando as pessoas veem algo relacionado a leão, elas se lembram de mim. Recebo muitos presentes com a imagem do leão. Há algum tempo, ganhei cerca de cinco na mesma semana. Muitos me chamam de leão, e sempre digo em minhas mensagens: "Vocês não são gatos, vocês são filhos de leão, e leão não mia, ele ruge!" Não é hora de miar, é hora de rugir! Hoje sinto que preciso incorporar mais a ovelha, pois me tornei leão em demasia. O aspecto profético está funcionando. Senti a necessidade de colocar um memorial de leão na praça ao lado da igreja, em frente à porta lateral, simbolizando uma casa de leões e leoas, protegida pelo Pai e nosso irmão mais velho, o Leão da Tribo de Judá! Que belo monumento! Você precisa vir conhecer.

> *"Edificados sobre o fundamento dos apóstolos e dos profetas, tendo Jesus Cristo como pedra angular"* (Efésios 2.20). Precisamos entender algo: *"Todo aquele que vem a mim e ouve as minhas palavras, e as práticas, eu vos mostrarei a quem é semelhante. É semelhante a um homem que, edificando uma casa, cavou, abriu, profunda vala e lançou o alicerce sobre a rocha [...] Mas o que ouve e não pratica é semelhante a um homem que edificou uma casa sobre a terra sem alicerces"* (Lucas 6:47-49).

Paulo escreveu aos coríntios: *"Segundo a graça de Deus que me foi dada, lancei o fundamento como prudente construtor; e outro edifica sobre ele"* (1 Coríntios 3:10). A estas palavras, contudo, ele acrescentou: *"Porém, cada um veja como edifica"*.

O alicerce precisa estar correto. Ele alcançou seu ponto culminante em 1 Coríntios 3:11-15:

> *"Porque ninguém pode colocar outro alicerce além do que já está posto, que é Jesus Cristo. Se alguém constrói sobre esse alicerce, usando ouro, prata, pedras preciosas, madeira, feno ou palha, sua obra será mostrada, porque o Dia a trará à luz; pois será revelada pelo fogo, que provará a qualidade da obra de cada um. Se o que alguém construiu permanecer, esse receberá recompensa. Se o que alguém construiu se queimar, esse sofrerá prejuízo; contudo, será salvo como alguém que escapa através do fogo."*

É necessário que tenhamos a compreensão de que a igreja possui uma responsabilidade não apenas sacerdotal, mas também apostólica e profética! Estamos edificando nossas vidas sobre alicerces de prata, ouro e pedras preciosas, e não sobre alicerces comuns. A igreja deve ser alicerçada no profético, pois é quando Deus Se comunica com Seus filhos que as revelações ocorrem. Esse tipo de orientação é oferecido de diversas formas, conforme as demandas e o contexto das pessoas, das famílias e da Igreja em geral. Quando Deus manifesta Sua vontade à Igreja, Ele se comunica por meio do PROFÉTICO:

> *"O SENHOR estendeu a mão, tocou minha boca e falou: 'Agora coloco em sua boca as minhas palavras. Veja, hoje te dou poder sobre nações e reinos, para arrancar, despedaçar, arruinar e destruir; para edificar e plantar.'"* (Jeremias 1:9-10)

Deus tem um propósito de vida para cada um de nós e espera que o cumpramos integralmente durante nossa passagem pela Terra. Existe uma unção para mim e para você; somos a voz de Deus aqui.

Sussurros suaves e espirituais podem não ser tão impressionantes quanto visões ou outros sinais, porém possuem a mesma força, durabilidade e capacidade de transformar vidas. Por meio dessas profecias, obteremos força duradoura para construir e auxiliar outros a fazerem o mesmo. Deus deseja erguer os Seus Oráculos, os Elias de Deus em todos os lugares do mundo! Deus deseja erguer homens e mulheres proféticos neste tempo, que se aprofundem e tragam ao seu povo a direção e a Palavra. Deus é verdadeiro em suas palavras. Ele declarou: *"Nos últimos dias, diz Deus, derramarei do meu Espírito sobre todos os povos. Os seus filhos e filhas profetizarão, os jovens terão visões, os idosos terão sonhos."* (Atos 2:17). Esse versículo descreve o poder do profético penetrando a terra. Jesus afirmou aos seus discípulos que enviaria profetas, e estamos vivendo um período em que a unção e a vocação profética da igreja estão sendo recuperadas.

> *"Certamente o Senhor Deus não fará coisa alguma, sem ter revelado o seu segredo aos seus servos, os profetas. Rugiu o leão, quem não temerá? Falou o Senhor Deus, quem não profetizará?"* (Amós 3:7-8)

Todos nós estamos envolvidos nesse mover profético do Espírito Santo nos dias de hoje.

A igreja não pode ser construída sobre tendências passageiras ou estruturas hierárquicas humanas. O modelo bíblico estabelece os apóstolos e profetas como elementos essenciais da estrutura da igreja, não para comandá-la de forma autoritária, mas para atuarem como alicerce para seu desenvolvimento. Contudo, Jesus Cristo permanece sendo o maior alicerce.

Para sermos uma igreja forte e saudável, devemos valorizar os profetas autênticos, aqueles que foram convocados e enviados pelo Senhor para edificar o corpo de Cristo. E, principalmente, é importante ter em mente que toda liderança na igreja deve espelhar o caráter de Cristo, que veio para servir, e não para ser servido (Marcos 10:45). Que possamos nos manter firmes no verdadeiro alicerce, construídos sobre os apóstolos e profetas, tendo Jesus Cristo como nossa pedra angular.

Fomos convocados para nos tornarmos uma Igreja profética em um período de transição, até que consigamos trazer a manifestação dos céus à terra e nos alegrar com Ele ao testemunhar Seu Reino sendo revelado e proclamado entre os homens.

CONCLUSÃO

Uau, estamos chegando ao final do livro! Confesso que escrevê-lo foi uma experiência emocionante, como uma aventura de Indiana Jones. Neste momento, estou em uma sala improvisada nos fundos de uma simples igreja em Angola, África. Não estou orando, pregando ou evangelizando; estou apenas fazendo aconselhamento. Na verdade, estou trabalhando como auxiliar de dentista. Por dentro, estou rindo, pois pastores precisam saber de tudo. Um pastor é técnico de som, pintor, eletricista, jardineiro, pedreiro, conselheiro E quase um psicólogo.

Uma vez, vi um pastor cavando uma cova. Já tinha visto pastores fazendo quase tudo, mas um pastor coveiro me surpreendeu. Aquele que deveria estar orando pela criança para que ela ressuscitasse agora estava fazendo um buraco para enterrá-la.

Também nunca tinha visto um pastor atuando como auxiliar de dentista, mas aqui estou eu, acompanhando o Dr. Fabricio Peruzzolo, estamos focando principalmente nas crianças angolanas. A odontologia em Angola é a especialidade mais cara do país. Um dos pastores nativos, chamado Ricardo Gaspar, está conosco nesta sala. Perguntei a ele qual porcentagem da população tem acesso a esse atendimento, e ele estimou que seja menos de 10%. Isso é alarmante, considerando que o país tem uma população extremamente alta, com mais de 26 pessoas por quilômetro quadrado e 33 milhões de habitantes, podendo ser ainda mais. Para você ter uma ideia, meu estado, Mato Grosso, é praticamente seis vezes menos populoso, apesar de ambos terem o mesmo tamanho.

A condição dessa nação é quase desesperadora, especialmente no setor da saúde. Com lágrimas nos olhos e transbordando de gratidão, esse pastor nos contou, ao ver suas filhas sendo atendidas, que nunca poderia proporcionar esse tipo de tratamento para seus filhos. As clínicas particulares são extremamente caras, e no serviço público é quase impossível. Ficamos consternados ao saber que muitas pessoas morrem devido a dores de dente, o que é considerado comum. O desespero é tão intenso que eles mesmos removem seus dentes doloridos. No meio de toda essa confusão, continuamos sendo igreja, cuidando, amando e alcançando as pessoas com o amor de Jesus.

Dr. Fabricio investiu uma quantia significativa em um consultório portátil, além de instrumentos e materiais consumíveis. Ele aceitou o grande desafio missionário, dizendo: "Eis-me aqui". Ao vê-lo atender essas crianças com tanto carinho, tenho a certeza de que a igreja dos meus sonhos existe. Ele deixou sua clínica, uma das maiores e melhores do estado, com 30 funcionários. Também deixou sua linda esposa, Emanuely Andreoli Peruzzolo, e seus três filhos: um de 9 anos, outro de 6 e uma linda menina, que puxou a mãe, de 2 anos e 9 meses, para ir à África. Que legado!

Falando em herança, você conhece a distinção entre herança e legado? Herança é o que se deixa para alguém, enquanto legado é o que se deixa dentro de alguém. Esses são tempos em que devemos priorizar o legado em vez da herança. A maior herança e legado que podemos deixar é Cristo inflamando o interior, especialmente de nossos filhos. Fabricio está passando isso para as gerações futuras, o que me dá esperança. Seus filhos sempre falarão sobre o que seu pai fez pelo continente africano; provavelmente, eles o amarão ainda mais intensamente e irão mais longe do que ele.

A igreja deve ser geracional porque Deus é geracional; Ele é o Deus de Abraão, Isaque e Jacó, o Deus da continuidade. Se Abba precisar criar uma nova geração, isso indica que não conseguimos transmitir um verdadeiro legado. Falhamos como pais, líderes, pastores e como homens e mulheres de Deus. Desejo que meus netos contem aos meus bisnetos que seu avô era chapado, louco por Deus, um homem repleto do Espírito Santo, "um pregador apaixonado". Uau, "Um pregador apaixonado"! Quero essa frase na minha lápide.

(Aguarde um instante, já volto. Preciso atender outra criança que acaba de chegar ao consultório mais acolhedor de Angola!)

*

Renata, a CEO da editora, é uma mulher incrível. Desde o início do projeto, ela demonstrou entusiasmo e urgência para vê-lo concluído rapidamente. No entanto, Deus me orientou a escrever o último capítulo em Angola. Senti que o que Ele me mostraria nessa nação seria algo significativo e impactante, tanto para mim quanto para registrar neste livro, e que tocaria muitas pessoas. Compartilhei isso com minha amada esposa. Uma das experiências mais marcantes que vivi aqui gerou em mim uma profunda indignação, e ao compartilhar isso com ela, ela me disse algo que me deixou angustiado e reflexivo: "Poxa, amor, o capítulo final do seu livro terminará triste!" Não se preocupe, vou te contar o que aconteceu também! Porém, acredito que Paizinho encontrará uma maneira de concluir o livro de forma que nos traga alegria e esperança.

Sempre pedi a Deus para me proteger de mercenários. Quando fui a Moçambique, Ele me livrou de um homem considerado um dos maiores líderes do país, que possui muitas igrejas e grande influência, inclusive no governo. Com um coração cheio de corrupção, ele ligou do Brasil reclamando que eu não havia pregado em sua igreja. Percebi o grande livramento que Deus me concedeu. Esse homem comprou as igrejas que tinha, adquiriu pastores e é alguém que adora ostentar. Essas situações me causam uma revolta tão intensa que sinto a necessidade de orar, e muitas vezes ligo para meu pastor Caio Alexandre pedindo que ele ore por mim. Eu fico tão irritado que tenho vontade chamar para porrada.

Certa vez, em uma denominada escola profética, teve tantos exageros — um verdadeiro estelionatário religioso —, que tive de sair às pressas daquele ambiente, porque estava a ponto de espancar alguns, mandarem todos para aquele lugar, e chutar algumas cadeiras. Acredito que Deus estava livrando-os de mim, um lutador de jiu-jitsu às vezes tempestuoso. Desde criança fui artista marcial, mas quero abrir meu coração para vocês.

Fiquei muito mal. Meu pastor viu como eu estava. Ele disse que estava cego, como um boi selvagem. Eu passei por ele e não o vi. E domingo, já em minha cidade, senti que não iria conseguir pregar. Nunca havia sentido um nível de angústia tão grande. Não estava conseguindo controlar aquele sentimento. Na verdade, era uma enxurrada de sentimentos que nunca havia sentido antes. Sei que fiz a coisa certa, mas era como se deveria ter chamado para porrada mesmo, chupado mesmo, gritado — um sentimento de que deveria ter protegido a Noiva, e não o fiz.

Liguei para meu pastor, e depois da oração consegui controlar aquilo. Precisamos defender a Noiva, mas como defendê-la? Erguendo altares verdadeiros: a batalha é entre altares. Na geração de Elias, havia os altares de Baal, e o altar do Deus Altíssimo estava em ruínas. Para derrotá-los, era necessário restaurar o altar de Deus, e foi isso que Elias fez. É isso que precisamos fazer neste período.

Retornando ao que acabei de vivenciar, percebi Abba me mostrando e me protegendo com um cuidado que sempre me impressiona. Durante uma conversa que tinha outro propósito, um amigo mencionou que precisava de um documento para manter sua igreja aberta e procurou um pastor para obtê-lo. Em Angola, uma igreja só recebe documentação do governo se tiver 100 mil membros. Esse homem corrupto, assim como o governo de sua nação, exigiu mil dólares e 10% da entrada financeira da igreja. Ao ouvir isso, senti como se um leão despertasse dentro de mim. Meu amigo ficou alarmado, pedindo-me para me acalmar e tentando justificar o injustificável. Falei sobre Balaão, conforme escrevi em capítulos anteriores, e deixei claro que não compactuava com isso. Tinha um compromisso em uma de suas igrejas em outra província chamada Cabinda e pedi ao meu amigo que inventasse qualquer coisa, mas que eu não voltaria a pregar lá. É uma sensação estranha, uma dor combinada com angústia, indignação, raiva, desejo de gritar, mas, ao mesmo tempo, uma sensação de impotência. É como lidar com alguém que gosta de ser bajulado, que não possui autoridade, mas se comporta de forma autoritária. Autoridade sem amor se torna apenas autoritarismo. Normalmente, indivíduos desse tipo gostam de menosprezar os outros. Um sujeito que se orgulha de exibir sua mansão em construção, explorando seu próprio povo, pessoas humildes e pobres, levando-os à miséria, vangloriando-se da estrutura de sua igreja e de tantas outras que possui, é algo lamentável.

O que aconteceu me tirou a alegria por um dia nessa missão, mas, após orar durante a madrugada, recebi um bálsamo que veio do Papai em meu coração. Pela manhã, já estava bem para prosseguir com a restauração do altar da igreja angolana, cuidar dela e continuar cumprindo o Ide. Elias não fez aliança com nenhum sacerdote famoso de Baal em Samaria, não precisou negociar valores e princípios, não se envolveu com o sistema pagão; ele simplesmente restaurou o altar. A igreja precisa fazer o mesmo, oferecendo o sacrifício que Deus deseja, pois sem sacrifício não há fogo. Após muita oração e uma conversa com um pastor simples e humilde chamado Carlos Cabo — que é um grande amigo — e o pastor Flavio, fiquei sem argumentos. Vim a Cabinda para cumprir essa agenda, e essa pessoa não poderia me impedir, pois havia pessoas me aguardando nesse local. Fiquei bastante apreensivo quanto à correção de minhas ações, mas, ao almoçar na casa de um pastor idoso, experimentei outro déjà vu, como se já tivesse vivido aquele momento. Foi intenso, e tive a certeza de que estava cumprindo o propósito.

Conheci Joana, uma jovem angolana com um olhar extremamente meigo. Naquele dia, ela estava servindo aos pastores e missionários. Abba colocou um amor paternal em meu coração por ela, um amor que não sei se você consegue compreender. A igreja não precisa de líderes, mas de pais e mães espirituais. Tenho muitos discípulos, mas com alguns sinto uma sensação paternal. É um sentimento diferente; acredito que seja o mesmo que Paulo sentia por Timóteo e Tito. Muitas das minhas filhas no Brasil me presentearam com joias e semi-joias, como brincos, anéis, pulseiras e colares. Eu dei um desses anéis para Joana, e o que ela me disse me tocou profundamente: "Eu estou a tremer. Porque nunca tinha recebido um presente", com o sotaque do português cantado de Portugal. Eu lhe disse que aquele presente abriria a torneira para muitos outros na vida dela. Isso me tocou porque essa jovem de 26 anos nunca havia recebido um presente.

No dia seguinte, fomos jantar, e ela estava lá novamente, nos atendendo com a mesma excelência. Um missionário que estava comigo Altemar Dias Gama, sem que lhe dissesse nada, também teve um impulso interior de presenteá-la, mas não tinha nada na hora. Dentro de minha mochila tinha vários desses adereços. Como já tinha dado um anel, separei um brinco para ele lhe dar. Seu sorriso radiou nossos corações. Junto com os brincos, estava com um colar negro de uma beleza. Não sei quem ofertou ele, mas que oferta! Senti que também devia dar a ela. Ela não aguentou e derramou algumas lagrimas de alegria na nossa frente. Profetizei que ela iria usá-lo em seu casamento.

Aqui em Angola, casar é quase um milagre. É pago o dote para a família e as exigências são inúmeras: chega a custar 10 mil dólares. E não tem fugas, pois eles têm muito medo de feitiçaria. O casamento com a benção da família é o mais importante. E ainda tem o da igreja e, por último, o civil, que acho que deve ser no cartório. Mas se Deus permitiu que eu liberasse essa palavra sobre a vida da Joana, eu sei que ela vai casar.

Em um culto, o pastor chamou os solteiros, para que eu orasse por eles. Veio uns 50, e, no meio desses, somente 3 rapazes. Orei duro por eles. Fiquei com um pouco de dó deles, pois um país com tanta miséria, e corrupção, dificulta até para eles formarem família.

Sei que é bíblico o dote. Jacó teve de trabalhar 14 anos para casar com suas esposas, mas senti que eles aproveitam disso e que fazem por vingança: "eu paguei um dote caríssimo, agora quem casar com minhas filhas terá de fazer o que eu pedir!" Apenas Jesus poderá transformar isso neste povo. Antes de partir, chamei a jovem Joana e lhe ofereci mais 2 mil Kwanzas, o que equivale a cerca de 12 reais. Essa experiência me tocou tanto que decidi voltar e tirar uma foto com aquela menina negra de olhar meigo que nunca havia recebido um presente. Quando retornei, ela não estava mais no mesmo lugar; encontrava-se em uma salinha mal construída e inacabada, chorando copiosamente. Senti que Abba Pai me usou para expressar Seu amor paterno. Com um longo abraço, enquanto ela chorava sem controle, comecei a liberar palavras que refletiam o amor de Deus por ela. Foi bastante desafiador tirar a foto, mas, com esforço, consegui que ela mostrasse seus dentes brancos como os de uma pomba jovem. Viu, Papai vai dar um desfecho incrível para essa história!

Algo extraordinário aconteceu e me deixou sem palavras. Ao voltar de um dia intenso de pregações no hotel, encontrei uma noiva, a mais linda que já havia visto. Antes de ir para essa nação, passei por momentos de profunda consagração e oração, e a igreja da qual sou pastor estava intercedendo constantemente por essa viagem missionária. Estava sensível a tudo o que ocorria e percebi em meu espírito que aquilo não era uma coincidência, pois não acredito nisso, mas sim em "cristocidência". O salmista Davi registra em Salmos 139.16: *"Os teus olhos me viram a substância ainda informe, e no teu livro foram escritos todos os meus dias, cada um deles escrito e determinado, quando nem um deles havia ainda".* Estou certo de que estou cumprindo o propósito do Pai. Aquilo foi extremamente profético: a noiva de pele negra, com um sorriso que iluminou a recepção do hotel; seu vestido branco com pedras brilhantes iluminou meu interior. O branco simboliza pureza. *"O zelo que tenho por vocês é um zelo que vem de Deus. Eu os prometi a um único marido, Cristo, querendo apresentá-los a ele como uma virgem pura."* (2 Coríntios 11.2).

"Eu os prometi a um único marido, Cristo, com o objetivo de apresentá-los a ele como uma virgem pura." (2 Coríntios 11:2), é tudo que o Noivo deseja de sua amada, que Ele só tem olhos para ela, da mesma forma que espera que sua noiva tenha olhos apenas para Ele. A comparação da igreja com a noiva de Cristo não é uma novidade exclusiva do Novo Testamento. O Antigo Testamento retrata a nação de Israel como esposa e Deus como o Esposo Perfeito. Ezequiel descreve em seu livro como Deus se uniu à nação quando ela não possuía nenhum valor, sendo um esposo carinhoso e provedor (Ezequiel 16:8-14). No entanto, essa relação entre Deus e Israel foi representada por meio de um casamento conturbado, e agora o profeta está revelando o que estava ocorrendo. Ele inicia a denúncia da lascívia e promiscuidade da esposa amada do Senhor, que agia como uma prostituta (Ezequiel 16:15-59). Contudo, apesar da fidelidade desse Marido, a nação de Israel, em sua apostasia, agiu como uma esposa infiel que rompeu o pacto matrimonial e deixou o Senhor, envolvendo-se com os deuses falsos das nações vizinhas.

Apesar da infidelidade de Israel e dos repetidos avisos de julgamento divino contra a nação, Deus manteve sua fidelidade e fez promessas de restauração com base em uma aliança eterna. A finalidade do Senhor em possuir um povo exclusivo para si se realiza plenamente na Igreja, que, sob a Nova Aliança, congrega em Cristo judeus e gentios como membros. E quero ser bem claro e direto com você, caro leitor: a cerimônia está mais próxima do que pensamos. Essa Noiva está vivenciando o período de espera entre a assinatura do contrato e o dia do casamento. O contrato já foi estabelecido; o noivo pagou o dote por sua Noiva não com dinheiro, prata ou ouro, mas com seu próprio sangue. A Igreja está oficialmente comprometida com ele. Essa noiva deve viver como uma virgem dedicada ao seu marido. Enquanto espera ansiosamente pelo amado e sua chegada, ela está sendo preparada, purificada e adornada. Quando o Noivo chegar, Ele revelará a Noiva de maneira magnífica, e as celebrações do casamento não serão apenas breves, mas durarão para sempre.

Quando cheguei de Angola, Deus realizou um sonho que na minha juventude e em minha cabeça era impossível — mas Ele é o Deus do impossível. E, mais uma coisa, Ele não é gente, Ele é Deus. E, para mim, mais do que isso: Ele é meu Pai, e Ele me deu isso de presente. Ele gosta de me mimar. Só cheguei e troquei de mala. Na verdade, antes disso, participei do Culto da Fazenda – é o apelido carinhoso para o Culto Semeando a Paz, que acontece na fazenda Paraguaçu aqui na cidade que moro. Esse culto nasceu há 11 anos atrás e tinha como proposito duas principais objetivos: gratidão pela colheita, e tornar acessível o evangelho para a galera Agro. Esse pessoal é difícil de ser alcançado, e esse culto, como também o The Global Leadership Summit Agro, foi uma estratégia evangelística que Deus nos deu para nos aproximar dessa galera. O Agro no Brasil é top. Esse culto nos últimos anos tem dado mais de mil pessoas de várias cidades do Mato Grosso, em uma cidade com cerca de 6 mil pessoas Deus tem feito um grande avivamento, e esses cultos são muito proféticos.

Mas, voltando ao assunto, após participar desse culto extraordinário de avivamento, eu e minha linda esposa fomos para os Estados Unidos da América. Acredite, eu fui lá e, mais uma vez, chegando ao hotel, mais uma experiência de ver uma noiva saindo para sua cerimônia de casamento. Eu fiquei simplesmente boquiaberto com aquela cena se repetindo mais uma vez: a noiva era linda, uma negra com uma pele brilhante, sorriso encantador, muitas pessoas com ela, ajudando com aquele vestido clássico branco. A alegria da noiva e de todos que estavam ali era contagiante. O recado de Deus está dado, esse casamento esta preste acontecer. Não tenho dúvidas quanto a isso.

Essas duas experiências me proporcionaram essa certeza, e estou convencido disso. Em 2017, durante minha visita a Moçambique, na África, vivi uma experiência marcante. Após uma pregação, fomos a uma pizzaria em Maputo, a capital do país. Ao chegar, notei uma família sentada na varanda do local e tive a impressão de que eram cristãos. Cumprimentei-os e entrei com os missionários que me acompanhavam. De repente, uma das missionárias exclamou: "Olha o pastor Jessé! Tenho de apresentar você a ele, pastor Fernando!" Eu respondi: "tudo bem!" E quando estávamos saindo fomos apresentados.

Pastor Jessé é um missionário brasileiro, que vive naquele país, e coordena um projeto do Arco-íris, da missionária americana Heidi Becker. Ele estava ali acertando detalhes do casamento de uma jovem órfã que tinha sido adotada pelo projeto e por ele. Sabe o que é interessante nessa história? É que eu havia recebido um vestido de noiva como oferta de uma jovem de uma igreja onde um dos meus melhores amigo é pastor, João Paulo da Silva, na cidade de Vera. Essa moça, depois de um culto missionário, me procurou e disse que Deus havia lhe dito que ofertasse seu vestido de casamento, e me pediu para levá-lo em minha viagem para Moçambique. Fiquei preocupado com o volume, mas ela me garantiu que cabia em uma caixa de sapato. Eu disse que tudo bem, e ela saiu e foi em sua casa buscar seu lindo vestido de casamento.

Em minha cidade pedi para algumas mulheres arrumarem as ofertas nas malas. Uma delas me procurou e disse: Quem foi a maluca de ofertou um vestido de casamento? Então eu disse: "faça o seguinte: se couber, eu levo; se não couber, eu levarei para a aldeia indígena quando for!" Após um culto de despedida em que a igreja me enviou para a viagem, perguntei a elas: "e o vestido? Coube?" Elas me responderam: "Sim!"

Agora, encontrava-me em uma reunião familiar na qual os detalhes do casamento estavam sendo discutidos. Achei aquilo muito interessante, e depois fomos para a base missionária. Ao chegar lá, fui orar e me preparar para dormir, quando o Espírito Santo, de forma bem amigável, me disse: "Oh cabeção, o vestido, a noiva! Desperta para a vida!" Eu exclamei: "Meu Deus! Como eu sou desatento!" Corri e perguntei a uma das missionárias se ela tinha o número do pastor Jessé. Assim que consegui o contato, perguntei se a jovem já tinha seu vestido de noiva. Ele respondeu que não, então compartilhei a história do vestido. Foi assim que Papai enviou aquele vestido para essa linda jovem moçambicana! Aquilo foi exagerado. Mas fique atento aos sinais: em 2017, a noiva estava sem vestido, se preparando para o casamento e acertando os detalhes. Porém, agora, nas duas últimas viagens missionárias, o Eterno me mostra duas noivas prontas para o momento mais importante de suas vidas.

Se compreendermos que Jesus é nosso Noivo e simplesmente nos permitirmos viver esse relacionamento divino, sendo alvo de Seu amor eterno, devemos entender que, como Sua Noiva, a expectativa de Seu retorno deve encher nosso coração. É inevitável esse desejo angustiante que nos faz chorar. Isso nos leva a definirmos o coração da igreja verdadeira, sua Noiva amada, em sua mais profunda essência, como a perfeita mistura do intenso desejo pelo Seu retorno e uma angustiante tristeza porque Ele ainda não está aqui.

Um coração apaixonado estará constantemente lamentando e entristecido pela ausência do Amado. Quando amamos alguém de verdade, sempre queremos estar juntos, e os lugares, por mais lindos que sejam, perdem o sentido se minha amada esposa, Rosângela, não está comigo. Ela me completa, torna tudo mais bonito e me traz segurança, fazendo com que tudo pareça mais colorido. É assim que a noiva deve se sentir em relação ao Noivo Jesus, o Desejado de todas as nações, o mais aguardado da história da humanidade!

O Noivo disse que nos deixaria por um período, porém retornaria. Jesus nos ensinou que esse intervalo até seu retorno seria semelhante a dores de parto, conforme João 16:2-22. Ele afirmava que a atuação do Espírito Santo em nós nos levaria a lamentar pela ausência do Noivo. Por meio de Seu Espírito, Ele nos concederia o dom do lamento, que denomino de "A Presença da Ausência!" O amado Espírito Santo é quem produz esse anseio, uma fome insaciável, um desejo intenso! À medida que nos aprofundamos no coração do Noivo, Sua ausência se torna mais evidente. O Céu já não é nosso objetivo; o Espírito nos mostra que essa Presença não é suficiente e que há algo mais. Na verdade, quanto mais cheios do Espírito Santo estamos, mais saudade do Noivo sentimos.

Essa Presença é o combustível que nos faz ansiar cada vez mais pela Sua vinda e que gera em nós esse desespero para estar com Ele. Como Sua noiva, sentimos muito a Sua falta e gostaríamos que Ele estivesse aqui agora. Devemos aceitar que Ele ainda não chegou como prometido, e que essa é a presença de Sua ausência que nos faz suspirar por Ele como uma noiva enamorada. Essa é a identidade da Igreja, sua linda Noiva: Aquela que ama intensamente, que se esforça para fazer esse amor crescer e o coloca como prioridade no fundo de sua alma, que diariamente se coloca no lugar de lamentar a ausência da Presença e rompe em um grito que vem do mais profundo de sua alma, "Maranata! Venha logo me buscar, meu querido!" Portanto, como noiva, não posso estar despreparada nem ser pega de surpresa. Entretanto, ser uma noiva, uma virgem pura e prudente, apaixonada de forma intensa, que, mesmo enfrentando as situações cotidianas, os desafios que surgem e as adversidades inevitáveis e imprevisíveis da vida, continua aguardando com expectativa, cultivando e protegendo o óleo, sem negociar a unção e, acima de tudo, ansiando por Ele. (Mateus 25:1-13; 1 João 3:3). E que afirma: *"Pode passar o tempo que for. Eu continuarei aguardando por Ele. Não importa para mim! Eu continuarei com um coração em chamas, com um coração carregado e encharcado de uma santa paixão e devoção por Jesus, o Amado e desejado da minha Alma, até que Ele venha!"* Meu Noivo Jesus, eu te amo!

ORAÇÃO FINAL

Para concluir, gostaria de fazer uma oração por você:

Aba Pai, Altíssimo Deus e Eterno Pai, agradeço profundamente pelo Seu doce Espírito Santo, que inspirou estas palavras. Que elas acendam nossos corações e que essa chama alcance muitas pessoas. Peço ao meu Senhor que continue a embelezar Sua Noiva, pois sei que o casamento está muito próximo. Toque-a com paixão e desperte aquelas que estão adormecidas para um novo tempo, um tempo de intimidade sem precedentes. Manifeste Seu amor e Sua Glória, derrame Seu Azeite, o Espírito Santo, como nunca foi derramado antes. Desejo ser mais audacioso do que o profeta Habacuque, pedindo ao Senhor que renove Sua obra não ao longo dos anos, mas ao longo dos segundos, minutos e dias.

Louvado seja Deus!

E, por favor, comece conosco; não faça nada nesta geração sem nós. O que o Senhor tem a fazer, faça em nós e por meio de nós! Somos sua Noiva apaixonada, perdida de amor por você.

Amamos você, querido Noivo. Amamos você. Realizamos essa prece em nome do Pai, do Filho e do Doce Espírito Santo.

Amém!

*

Agradeço por tudo, prezado(a) leitor(a). Foi um prazer poder contribuir com este livro. Tenho certeza de que sua fé foi fortalecida e edificada. Quero expressar meu amor por você e minha gratidão. Que o Deus Eterno o abençoe abundantemente com todas as bênçãos celestiais, em nome de Jesus Cristo.

CONHEÇA TAMBÉM:

Best-seller do New York Times
JOHN BURKE

IMAGINE O CÉU

O QUE AS EXPERIÊNCIAS DE QUASE-MORTE REVELAM SOBRE AS PROMESSAS DE DEUS E O FUTURO QUE ESPERA POR VOCÊ

sanktō

Todos nós carregamos no coração a dúvida: como será a vida após a morte?

O pastor e autor best-seller John Burke também se fez essa pergunta — e foi atrás de respostas. Em Imagine o céu, Burke compara mais de 100 relatos emocionantes de experiências de quase-morte com as revelações da Bíblia sobre o paraíso.

Esta leitura lança luz sobre a eternidade e, com esperança, ilumina o caminho que trilhamos aqui e agora. Ao ampliar nossa compreensão do que nos espera após a morte, convida-nos a viver com mais propósito, fé e consciência. Uma jornada que toca o coração, desperta a alma e nos lembra do que realmente importa.

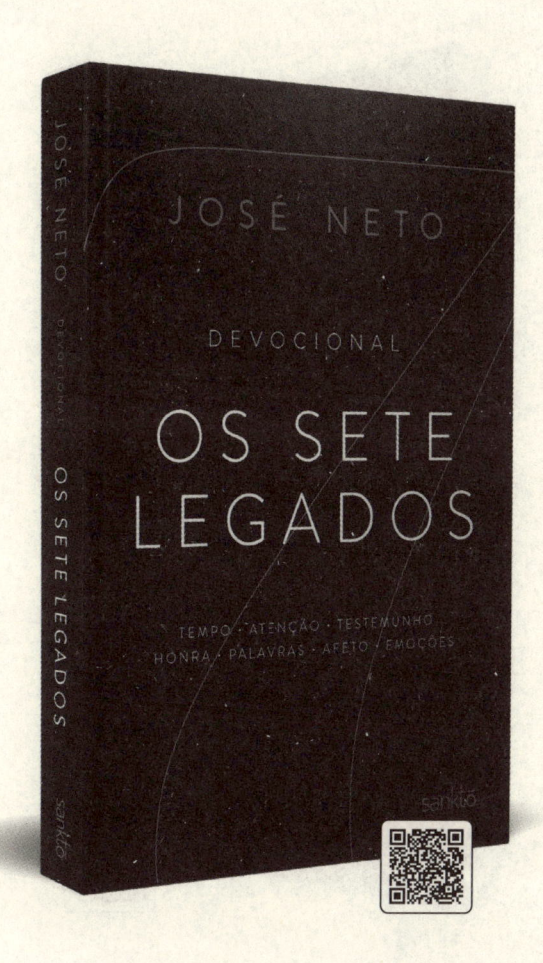

Sobre nossas escolhas: permanecem ou desaparecem?

Em *Os sete legados*, o Pr. Neto, com mais de 20 anos de experiência pastoral, convida à reflexão sobre o que deixamos nesta vida: estamos construindo heranças passageiras ou legados que realmente permanecem? Nossas escolhas impactam não apenas nosso presente, mas também familiares, amigos, irmãos na fé e a sociedade.

Este devocional propõe uma mudança de perspectiva, levando-nos a enxergar além dos bens materiais e a valorizar o que realmente importa: aquilo que fundamenta o ser humano, o aproxima de Deus e continua a frutificar mesmo após nossa partida.

CONHEÇA TAMBÉM:

Uma leitura essencial para quem deseja formar o coração e a alma das filhas

Crie meninas livres de ansiedade é mais do que um diagnóstico sobre a realidade emocional das meninas de hoje. É um manual completo, acessível e profundamente cristão, que entrega ferramentas eficazes para que pais, mães e responsáveis ajudem suas filhas a lidar com a ansiedade de maneira saudável e transformadora.

Com mais de 30 anos de experiência, a conselheira cristã Sissy Goff oferece estratégias práticas para ajudar meninas a enfrentarem a preocupação com coragem, equilíbrio e fé, reforçando sua confiança em Deus.

DAVID THOMAS

CRIE MENINOS EMOCIONALMENTE SAUDÁVEIS

Uma visão cristã sobre a criação de filhos

sanktō

**Para pais que querem criar filhos
com fé, caráter e propósito**

As estatísticas são claras: os meninos enfrentam hoje desafios emocionais e espirituais que não podemos ignorar. Eles lideram índices de ansiedade, depressão e isolamento, muitas vezes sem espaço para expressar o que sentem.

Com base na sabedoria bíblica e na psicologia, esta obra oferece ferramentas práticas para formar meninos emocionalmente saudáveis e espiritualmente firmes. Traz reflexões sobre masculinidade, saúde emocional e espiritualidade infantil, sempre inspiradas no caráter de Cristo.

Este livro foi composto por Maquinaria Sankto Editorial nas famílias tipográficas Gotham e STIX Two Text. Impresso pela gráfica Viena em julho de 2025.